ARMES
ET ARMURES

Revolver à broche,
vers 1860

ARMES
ET ARMURES

Cartouches,
vers 1850

Par
Michèle Byam

Couteau indien
à lame de jade,
vers 1800

Balles

Moule à balles

Pistolet Howdah,
vers 1850

Arbalète belge,
vers 1830

Poudre   Poire à poudre

Trois flèches
indiennes,
vers 1800

Marteau d'armes allemand,
vers 1600

LES YEUX
DE LA DÉCOUVERTE
GALLIMARD

Niam Niam,
couteau de cérémonie
originaire du Soudan

Pic de guerre marathe
provenant du nord de l'Inde

Comité éditorial

Londres :
Alison Anholt-White, Louise Barratt,
Julia Harris, Kathy Lockley,
Linda Martin et Helen Parker

Paris :
Christine Baker, Manne Héron
et Jacques Marziou

Edition française
préparée par Elisabeth de Farcy
Conseiller : Jean-Pierre Busson,
conservateur en chef honoraire
des archives de la Marine, Paris

Collection créée par
Peter Kindersley
et
Pierre Marchand

Poignard en cuivre
utilisé par les Kasaïs
en Afrique occidentale

ISBN 2-07-055500-3
La conception de cette collection est le fruit
d'une collaboration entre les Editions Gallimard
et Dorling Kindersley
© Dorling Kindersley Limited, Londres 1992
© Editions Gallimard, Paris 1992, pour l'édition française
Loi n° 49-956 du 16 juillet 1949
sur les publications destinées à la jeunesse.
Pour les pages 64 à 71 :
© Dorling Kindersley Ltd, Londres 2003
Édition française des pages 64 à 71 :
© Éditions Gallimard, Paris 2003
Traduction : Christiane Prigent - Edition : Clotilde Grison
Préparation : Lorène Bücher - Correction : Isabelle Haffen
Flashage : IGS (16)
Dépôt légal : septembre 2003 - N° d'édition : 123218
Imprimé en Chine par Toppan Printing Co.,
(Shenzen) Ltd.

Epée chinoise
dans son fourreau en bois,
revêtu d'écaille de tortue
avec garnitures de bronze

SOMMAIRE

Bracelet à pointes en fer provenant de l'est du Soudan

Coup de poing en corne de buffle provenant du sud de l'Inde

Griffe de tigre provenant du nord de l'Inde

L'HOMME CASSE LES SILEX
ET INVENTE LE MANCHE **6**

LE JET DÉCULPE L'EFFICACITÉ **8**

LE MÉTAL APPORTE SOLIDITÉ ET ORNEMENTATIONS **10**

L'ARMÉE FAIT DE LA SURENCHÈRE **12**

LA PANOPLIE PREND LE LARGE **14**

LE GIGANTISME S'AFFIRME **16**

LA MÉCANIQUE ENTRE EN SCÈNE **18**

DE TAILLE ET D'ESTOC, ON DIVERSIFIE **22**

LES MAILLES CÈDENT **24**

L'ACIER S'ARTICULE AUTOUR DES GUERRIERS **26**

SÉCURITÉ OU ÉLÉGANCE **28**

L'ARMURE VA À LA PARADE **30**

LES PERSES AFFIRMENT LEUR SUPRÉMATIE **32**

LES SOLDATS HINDOUS S'AFFRANCHISSENT **34**

LES JAPONAIS METTENT L'ART
AU SERVICE DE LA GUERRE **36**

LA POUDRE SE MET À PARLER **38**

LE SILEX REVIENT EN FORCE **40**

LE DUEL APPELLE LA SOPHISTICATION **42**

DES PIÈCES UNIQUES POUR DES COMBATS SINGULIERS **46**

AGRESSEURS ET AGRESSÉS SE RETROUVENT **48**

L'INSOLITE PEUT ÊTRE FATAL **50**

LES MOUSQUETS L'EMPORTENT SUR LA GRENADE **52**

QUAND LES ARMES FONT RÉGNER L'ORDRE **54**

LA PERCUSSION TIENT LE COUP **56**

PISTOLETS ET REVOLVERS S'AFFRONTENT **58**

L'OUEST SE GAGNE À LA POINTE DES FUSILS **60**

LES INDIENS NE RENIENT PAS LA TRADITION **62**

LE SAVIEZ-VOUS ? **64**

GENS D'ARMES **66**

POUR EN SAVOIR PLUS **68**

GLOSSAIRE **70**

INDEX **72**

L'HOMME CASSE LES SILEX ET INVENTE LE MANCHE

Pour chasser, se défendre ou attaquer, l'homme a, de tout temps, utilisé des armes. Dès le paléolithique inférieur, il découvre que, taillées en pointe, les pierres dures comme le silex lui permettent de tuer et de dépecer les animaux. Des milliers d'années plus tard, au cours du paléolithique supérieur, l'invention de la poignée et du manche constitue une véritable révolution : ainsi tenues en main, les armes voient leur efficacité et leur solidité considérablement accrues.

Eclats de silex

L'illustration montre comment étaient sans doute tenus les silex bifaces.

Première étape dans la fabrication d'un outil ou d'une arme de silex : on casse un gros éclat avec une autre pierre servant de marteau.

Une fois le silex grossièrement taillé, le noyau restant est travaillé à l'aide d'un morceau de bois ou d'os pour devenir une arme ou un outil.

Pour obtenir la forme voulue, la surface du silex est alors travaillée avec un instrument plus fin.

NODULE DE SILEX
Les premiers outils et les premières armes étaient probablement fabriqués à partir d'un morceau de silex semblable à celui-ci.

BIFACE
Un biface grossièrement taillé, vers 300 000-200 000 av. J.-C., nettement moins élaboré que d'autres armes ou outils de la même époque.

ARMES OU OUTILS ?
Ces deux coups-de-poing, fabriqués par nos ancêtres vers 300 000-200 000 av. J.-C., sont difficiles à identifier.

Sur cette gravure ancienne un chasseur tue un cerf avec une hache de silex fixée à une poignée de bois.

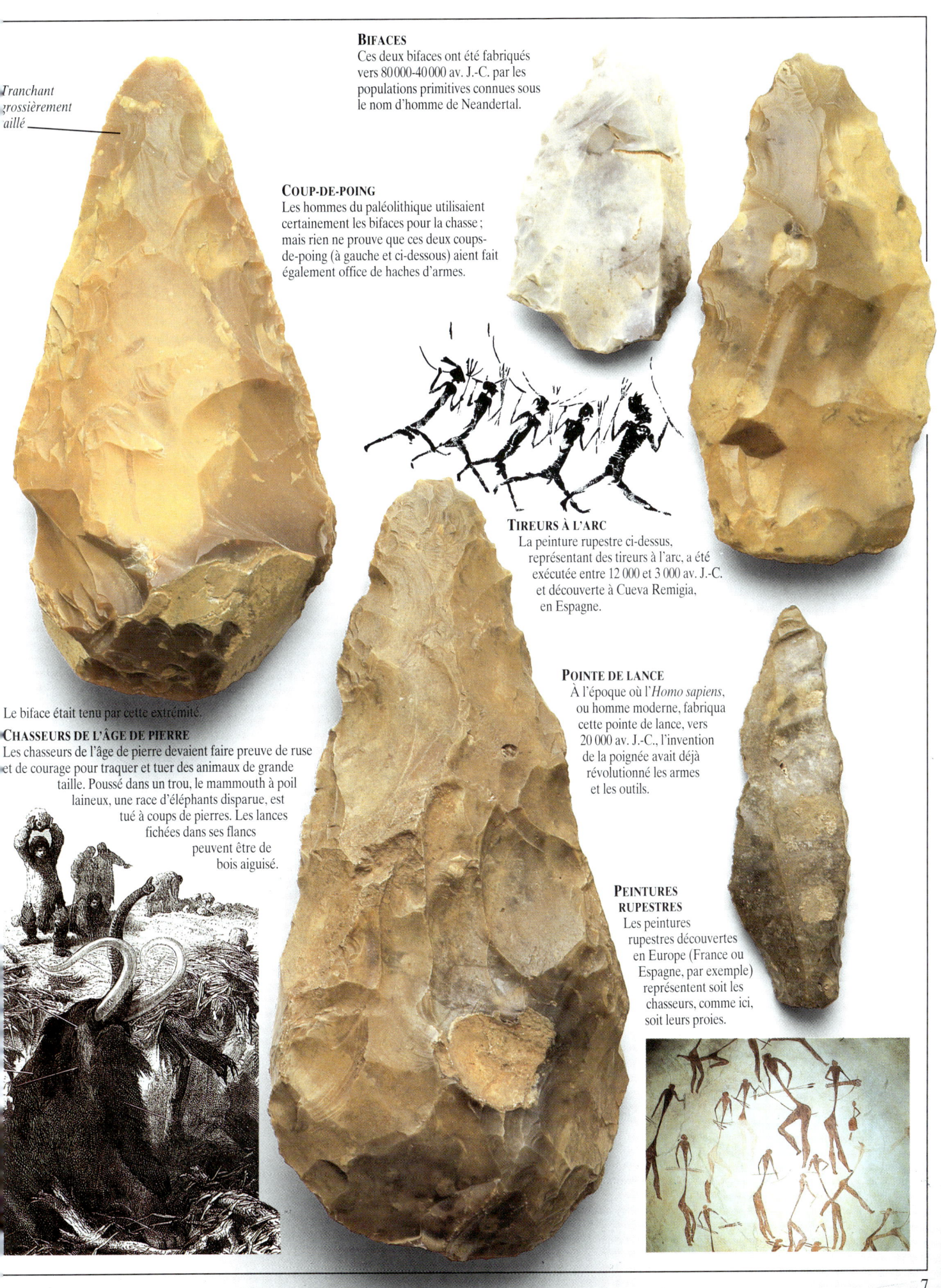

BIFACES
Ces deux bifaces ont été fabriqués vers 80 000-40 000 av. J.-C. par les populations primitives connues sous le nom d'homme de Neandertal.

Tranchant grossièrement taillé

COUP-DE-POING
Les hommes du paléolithique utilisaient certainement les bifaces pour la chasse ; mais rien ne prouve que ces deux coups-de-poing (à gauche et ci-dessous) aient fait également office de haches d'armes.

TIREURS À L'ARC
La peinture rupestre ci-dessus, représentant des tireurs à l'arc, a été exécutée entre 12 000 et 3 000 av. J.-C. et découverte à Cueva Remigia, en Espagne.

Le biface était tenu par cette extrémité.

CHASSEURS DE L'ÂGE DE PIERRE
Les chasseurs de l'âge de pierre devaient faire preuve de ruse et de courage pour traquer et tuer des animaux de grande taille. Poussé dans un trou, le mammouth à poil laineux, une race d'éléphants disparue, est tué à coups de pierres. Les lances fichées dans ses flancs peuvent être de bois aiguisé.

POINTE DE LANCE
À l'époque où l'*Homo sapiens*, ou homme moderne, fabriqua cette pointe de lance, vers 20 000 av. J.-C., l'invention de la poignée avait déjà révolutionné les armes et les outils.

PEINTURES RUPESTRES
Les peintures rupestres découvertes en Europe (France ou Espagne, par exemple) représentent soit les chasseurs, comme ici, soit leurs proies.

7

LE JET DÉCUPLE L'EFFICACITÉ

L'arme de jet c'est aussi bien le bâton que le lance-pierres ou l'arc. Leur utilisation pour la chasse ou le combat remonte en fait à la préhistoire. Il existe d'autres armes de jet d'un usage moins courant : le boomerang des aborigènes australiens ou les massues aux formes étranges des tribus d'Afrique centrale et occidentale. Leur simplicité est trompeuse : maniées par d'habiles combattants, elles sont tout aussi efficaces que les armes les plus élaborées.

Pointe de pierre

Ce bas-relief assyrien représente un cavalier avec toute sa panoplie.

Le bouclier a un côté plus plat que l'autre.

Ce gros boomerang de bois (à gauche) utilisé au combat par les aborigènes est conçu pour voler en ligne droite et ne pas revenir sur le lanceur même s'il manque son but.

Poignée

Tranchant utilisé pour frapper

UN BON LANCEUR
Un expert, tel cet aborigène australien, peut lancer un boomerang à très grande distance.

BOUCLIER
Le bouclier est une arme défensive. Ce bouclier aborigène détourne les armes de jet comme les lances et les boomerangs.

MASSUE
Certaines massues de guerre, employées dans les îles du Pacifique et chez les tribus africaines pour assommer à l'aide de leur bout pointu, servent aussi d'armes de jet.

DES ARMES PACIFIQUES
Peuplade paisible, les aborigènes (à droite) utilisent rarement leurs armes pour se battre. Ce tableau du XIXe siècle représente un groupe de chasseurs, armés de massues, de boucliers et de harpons à pointes multiples.

UNE LANCE ABORIGÈNE
Avec sa pointe en pierre ou en os, la lance aborigène (ci-dessus) est assez semblable à celle utilisée par les chasseurs de l'âge de pierre (p. 7).

Etui de protection

ARC AFRICAIN
Si l'arc est utilisé dans le monde entier, seules quelques tribus fabriquent des flèches empoisonnées. Cet arc et cette flèche proviennent d'Afrique occidentale.

Arc court bandé par un archer assyrien

Roi perse prêt à tirer une flèche

HACHES DE JET
Les haches de jet, répandues en Europe au Moyen Age, ont toujours été employées par certaines tribus africaines. Ces modèles ont été fabriqués en Afrique occidentale vers 1900.

COUTEAU DE JET
Ce couteau africain est l'une des armes les plus étranges. Ses multiples bords tranchants lui donnent plus de chances d'atteindre son but.

DES FRONDES PUISSANTES
Jusqu'au XVIe siècle, les armées européennes se servaient de frondes pour lancer des grenades. La fronde en cuir à manche de bois (ci-dessous) lance des pierres avec plus de précision.

Frondeur du Moyen Age

Détail montrant comment tenir une fronde

LE MÉTAL APPORTE SOLIDITÉ ET ORNEMENTATIONS

La découverte de métaux tels que le cuivre et d'alliages comme le bronze, utilisés pour la première fois en Europe du Sud-Ouest il y a six mille ans environ, révolutionne la fabrication des outils et des armes. Dans la première partie de l'âge du bronze, les poignées et les manches sont encore fixés aux haches et aux lames par des lanières de cuir ou des cordes. Mais à la fin de cette période, l'emploi de douilles permet d'emmancher plus solidement les poignées. Au cours des VIe et Ve siècles av. J.-C., les tribus celtes commencent à fabriquer des outils et des armes en fer ou en bronze. Au début de l'âge du fer, les Celtes migrateurs répandent à travers l'Europe l'art de l'ornement dont témoignent leurs armes finement ciselées.

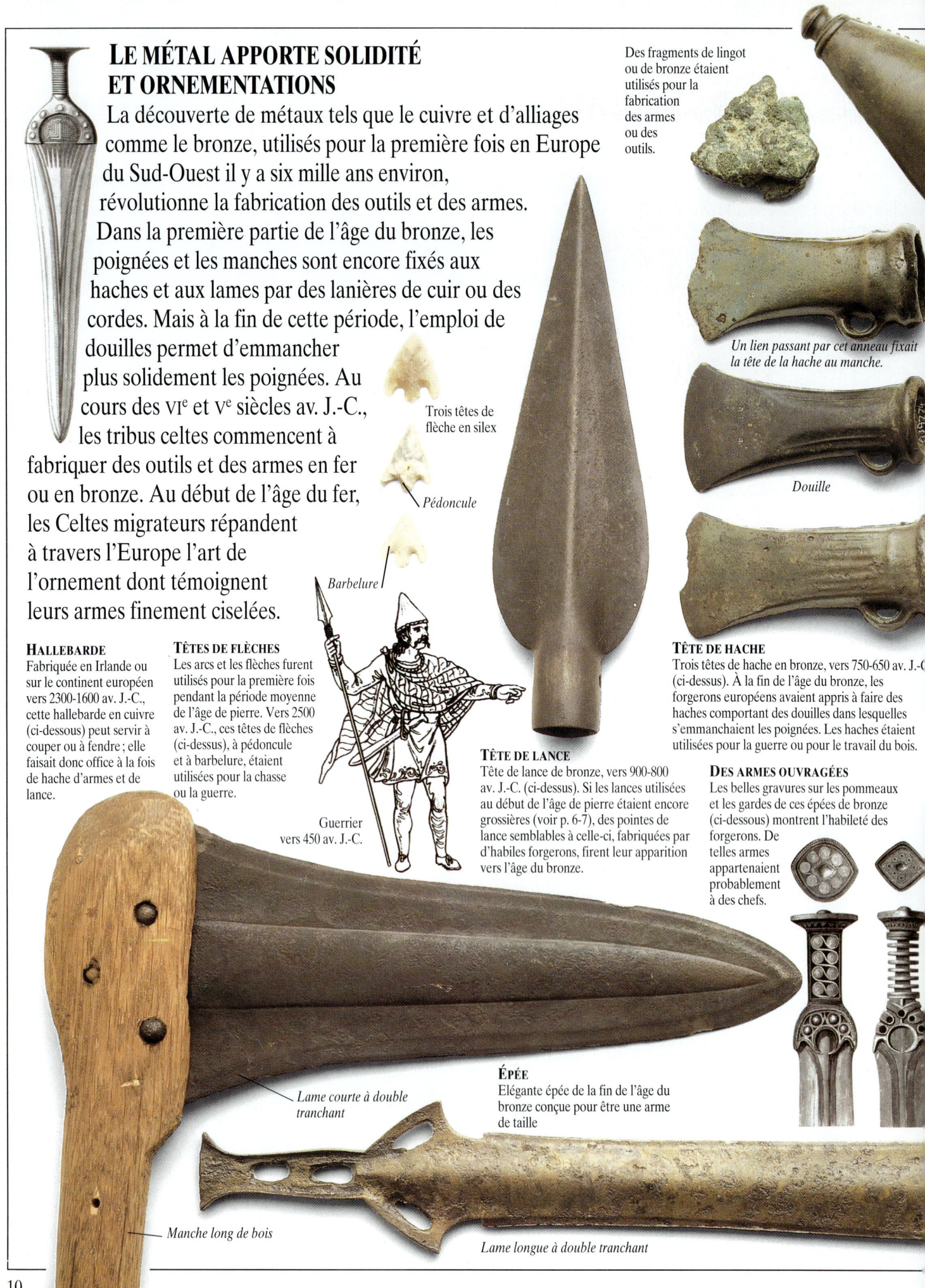

Des fragments de lingot ou de bronze étaient utilisés pour la fabrication des armes ou des outils.

Trois têtes de flèche en silex
Pédoncule
Barbelure

Un lien passant par cet anneau fixait la tête de la hache au manche.

Douille

Guerrier vers 450 av. J.-C.

HALLEBARDE
Fabriquée en Irlande ou sur le continent européen vers 2300-1600 av. J.-C., cette hallebarde en cuivre (ci-dessous) peut servir à couper ou à fendre ; elle faisait donc office à la fois de hache d'armes et de lance.

TÊTES DE FLÈCHES
Les arcs et les flèches furent utilisés pour la première fois pendant la période moyenne de l'âge de pierre. Vers 2500 av. J.-C., ces têtes de flèches (ci-dessus), à pédoncule et à barbelure, étaient utilisées pour la chasse ou la guerre.

TÊTE DE LANCE
Tête de lance de bronze, vers 900-800 av. J.-C. (ci-dessus). Si les lances utilisées au début de l'âge de pierre étaient encore grossières (voir p. 6-7), des pointes de lance semblables à celle-ci, fabriquées par d'habiles forgerons, firent leur apparition vers l'âge du bronze.

TÊTE DE HACHE
Trois têtes de hache en bronze, vers 750-650 av. J.-C. (ci-dessus). À la fin de l'âge du bronze, les forgerons européens avaient appris à faire des haches comportant des douilles dans lesquelles s'emmanchaient les poignées. Les haches étaient utilisées pour la guerre ou pour le travail du bois.

DES ARMES OUVRAGÉES
Les belles gravures sur les pommeaux et les gardes de ces épées de bronze (ci-dessous) montrent l'habileté des forgerons. De telles armes appartenaient probablement à des chefs.

Lame courte à double tranchant

ÉPÉE
Elégante épée de la fin de l'âge du bronze conçue pour être une arme de taille

Manche long de bois
Lame longue à double tranchant

Découvert en Allemagne orientale, ce petit casque de guerrier de l'âge du bronze avait à l'origine des oreillons (pour protéger les oreilles et les joues).

Gravure du XIXe siècle représentant un chef celte armé d'une lourde lance

CASQUE DE PARADE
Ce casque de bronze (vers le Ier siècle av. J.-C.) fut trouvé dans la Tamise, à Londres. Trop peu solide pour être porté au combat, il s'agit certainement d'un casque de parade.

BOUCLIER DE CÉRÉMONIE
Repêché dans la Tamise, ce bouclier de l'âge du fer (vers 200-100 av. J.-C.) était probablement destiné d'avantage aux cérémonies qu'à la guerre. Cette plaque de bronze, doublée de bois à l'origine, était incrustée de verres de couleur.

VERCINGÉTORIX
Chef d'une coalition des peuples gaulois révoltés contre la domination romaine, Vercingétorix fut défait à Alésia par Jules César en 52 av. J.-C. Sur ce tableau du XIXe siècle, on le voit jeter ses armes aux pieds de César, une scène qui n'eut sans doute pas lieu.

Garde

Pointe du poignard

POIGNARD
Ce poignard en fer des premiers âges (vers 550 av. J.-C.), aurait appartenu à un chef de tribu, en Angleterre. Son fourreau se fixait sans doute à la ceinture par des attaches de fer.

Le fourreau de bois est recouvert de bandes de bronze.

Au début de l'âge du bronze, les tribus d'Europe centrale utilisaient ces poignards pour le combat rapproché.

11

L'ARMÉE FAIT DE LA SURENCHÈRE

Les deux plus grandes armées de l'Antiquité sont l'armée macédonienne, commandée par Alexandre le Grand, et l'armée romaine. De 334 à 326 av. J.-C., le petit État grec de Macédoine possède une armée remarquable, organisée en phalanges, corps d'infanterie armés de lance et formant une masse compacte de plusieurs rangs. Mais l'armée romaine dispose d'un élément fondamental : la légion, unité d'infanterie soutenue par la cavalerie. Entre 800 av. J.-C. et 200 apr. J.-C., elle fait preuve d'une faculté d'adaptation permanente aux armes de l'ennemi et à l'évolution de son équipement militaire. Cet avantage, joint à une solide discipline et à une forte capacité d'organisation, place Rome dans la position souveraine de maître du monde antique.

Porte-enseigne romain armé d'un glaive

LE HOPLITE
L'équipement d'un fantassin grec, ou hoplite, comportait un casque de métal, une cuirasse de mailles ou de cuir, un bouclier de métal et des jambières. Il était armé d'une lance et d'une courte épée.

Poignée de glaive, de bois ou d'os

DAGUE MILITAIRE
Les soldats portaient au côté gauche une courte dague appelée *pugio*. Le fourreau en fer était souvent décoré d'incrustations d'émail. Les œuvres d'art romaines n'attestent le port du *pugio* par les soldats que du Ier siècle av. J.-C. au Ier siècle apr. J.-C. ; cette arme n'était sans doute pas essentielle.

GLAIVE
Le glaive ou *gladius* est une courte épée à double tranchant, destinée à frapper d'estoc. Les légionnaires, à l'exclusion des officiers, le portaient sur le côté droit, soit à la ceinture, soit dans un baudrier (bande de cuir passée en bandoulière soutenant l'arme). Le fourreau était parfois richement décoré, comme celui-ci, datant du Ier siècle.

Poignée de bronze

Lame à double tranchant

Fourreau en bois recouvert de cuir, aux ornements en bronze

CASQUE DE COMBAT
Le casque grec corinthien, apparu au VIIIe siècle av. J.-C., prit au VIe siècle la forme élégante que nous lui voyons ici. Il couvre le visage entier, hormis les yeux et le nez. Quand il ne combattait pas, le soldat portait son casque relevé sur la tête.

Le fourreau de fer se fixe à la ceinture par des lanières.

VASE GREC
Une part importante de nos connaissances sur les armes et les armures de la Grèce ancienne vient de l'étude des vases grecs. Ci-contre, le héros Achille est représenté au moment où il tue Penthésilée. Peints vers 540 av. J.-C., ces deux personnages donnent une idée précise du style des équipements guerriers de cette période.

L'« ILIADE »
Peinture victorienne (ci-contre) représentant une scène de l'*Iliade*. Ce poème épique, écrit au VIIIe siècle av. J.-C. et attribué à Homère, relate les événements de la dernière année de la guerre de Troie. Le guerrier de gauche porte à la ceinture un glaive de type romain.

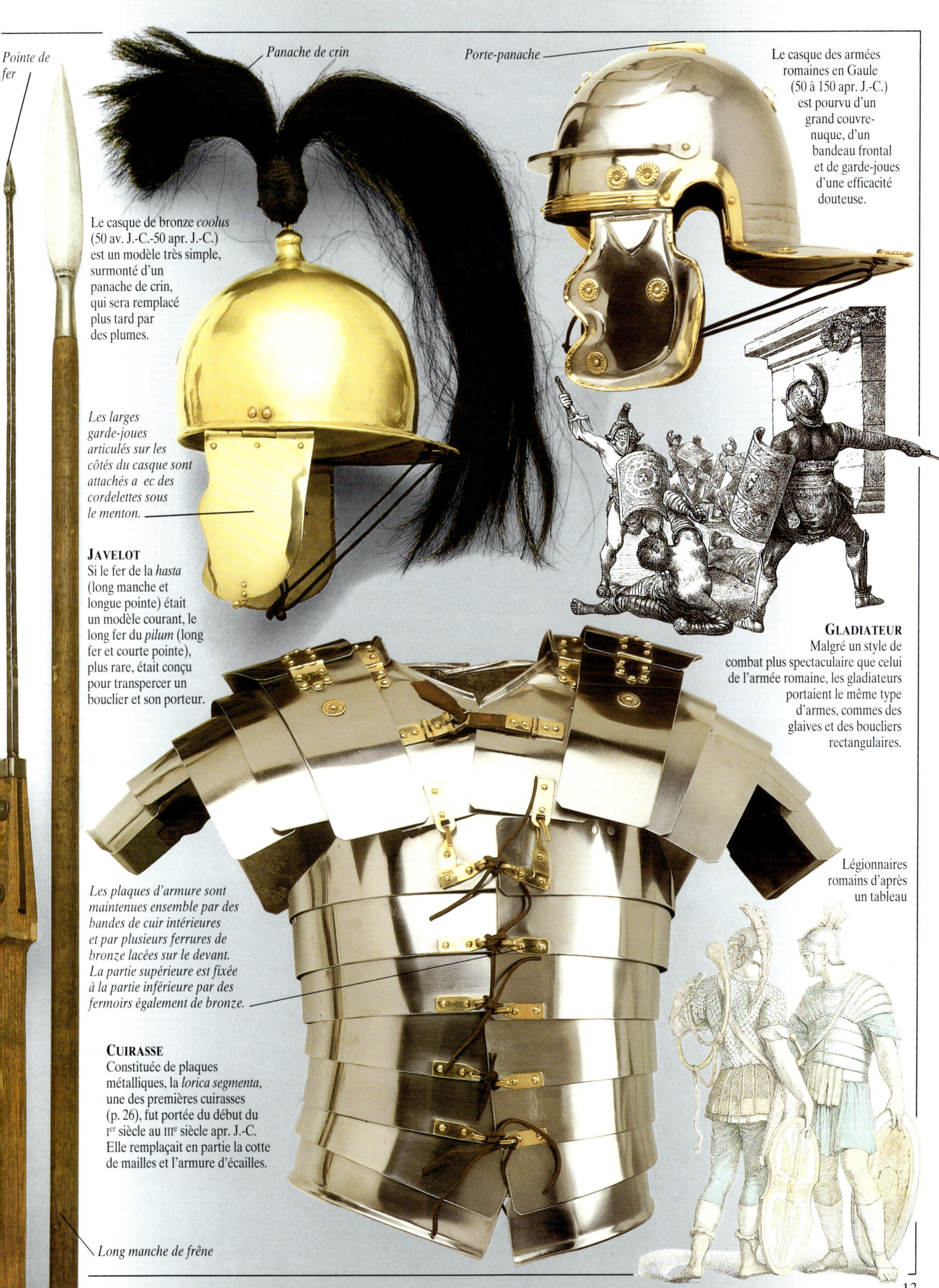

Pointe de fer

Panache de crin — *Porte-panache*

Le casque des armées romaines en Gaule (50 à 150 apr. J.-C.) est pourvu d'un grand couvre-nuque, d'un bandeau frontal et de garde-joues d'une efficacité douteuse.

Le casque de bronze *coolus* (50 av. J.-C.-50 apr. J.-C.) est un modèle très simple, surmonté d'un panache de crin, qui sera remplacé plus tard par des plumes.

Les larges garde-joues articulés sur les côtés du casque sont attachés avec des cordelettes sous le menton.

JAVELOT
Si le fer de la *hasta* (long manche et longue pointe) était un modèle courant, le long fer du *pilum* (long fer et courte pointe), plus rare, était conçu pour transpercer un bouclier et son porteur.

GLADIATEUR
Malgré un style de combat plus spectaculaire que celui de l'armée romaine, les gladiateurs portaient le même type d'armes, commes des glaives et des boucliers rectangulaires.

Les plaques d'armure sont maintenues ensemble par des bandes de cuir intérieures et par plusieurs ferrures de bronze lacées sur le devant. La partie supérieure est fixée à la partie inférieure par des fermoirs également de bronze.

Légionnaires romains d'après un tableau

CUIRASSE
Constituée de plaques métalliques, la *lorica segmenta*, une des premières cuirasses (p. 26), fut portée du début du Ier siècle au IIIe siècle apr. J.-C. Elle remplaçait en partie la cotte de mailles et l'armure d'écailles.

Long manche de frêne

LA PANOPLIE PREND LE LARGE

Le haut Moyen Âge est la période de l'histoire européenne comprise entre le Ve et le Xe siècle. À cette époque, les tribus germaniques et scandinaves – Anglo-Saxons et Norvégiens ou Vikings – envahissent la Hollande, l'Angleterre, la France et l'Espagne. Les vestiges d'armes et d'équipements militaires contribuent à la connaissance que nous avons de cette période, tout comme la tapisserie de Bayeux qui fut tissée pour commémorer la conquête de l'Angleterre par les Normands du nord-ouest de la France.

Pommeau plat

ÉPÉE ANGLO-SAXONNE (VIe siècle)
Seuls les Saxons de haut rang utilisaient des épées, comme le roi représenté ci-dessus avec son écuyer. Il porte une cotte de mailles.

ÉPÉE VIKING
Réalisées par d'habiles artisans, les lames d'épées vikings étaient à double tranchant, avec des pointes légèrement émoussées.

Reproduction de hampe. L'original est probablement en frêne.

Pointe de fe[r]

LANCE (Ve siècle)
Cette lance saxonne avait une longue tête en forme de feuille.

Tyr, le dieu viking de la guerre, avait la réputation de donner la victoire au combat. Aussi les Vikings marquaient-ils souvent leurs épées de la lettre T.

Ce casque anglo-saxon du VIe siècle fut trouvé dans un cimetière anglo-saxon, mais ressemble à ceux des Vikings.

LES NORMANDS ATTAQUENT LES ANGLAIS
Document précieux sur les armes de la période normande, la tapisserie de Bayeux, longue bande de lin brodée, relate l'invasion normande de l'Angleterre en 1066.

GARDE D'UNE ÉPÉE, (vers 1040)
En métal, en ivoire, en os ou en corne, les gardes étaient souvent incrustées de métaux précieux.

Gouttière (rainure creusée dans la lame pour en réduire le poids)

Quillon incurvé (branche de la croix dans une épée)

ÉPÉE VIKING (Xe siècle)
L'arme favorite du Viking était son épée qui se portait dans un fourreau orné. Il frappait son ennemi du tranchant plutôt que de la pointe.

La poignée, manquante, était probablement en bois, peut-être recouverte de cuir, d'os ou de corne.

Pommeau pyramidal

HACHE D'ARMES
Le guerrier la faisait tournoyer au-dessus de sa tête avant d'en assener un coup, souvent fatal, à un ennemi ou à son cheval.

ARCHER NORMAND
Ce détail de la tapisserie de Bayeux montre un archer normand avec un carquois rempli de flèches. Il est le seul archer de la tapisserie à porter une cotte de mailles.

Chevaliers normands avec étriers

ÉTRIERS
Apparus au VIIIe siècle, les étriers aident le chevalier normand, excellent cavalier, à se tenir debout en selle.

Le long manche est conçu pour être tenu à deux mains.

La lame large est en forme de croissant.

Tranchant en acier durci

Trois flèches normandes (ci-dessus et ci-dessous)

GROENLAND
Explorateurs, guerriers et commerçants, les Vikings découvrirent et colonisèrent le Groenland vers 982 sous la conduite d'Erik le Rouge.

Lance normande à pointe effilée

15

LE GIGANTISME S'AFFIRME

L'une des plus anciennes armes de l'homme est l'épée, qui comporte une poignée et une lame. La poignée est constituée d'un large pommeau pour équilibrer l'arme, d'un manche pour la tenir et d'une garde pour protéger la main. La lame peut être droite ou incurvée, selon que l'épée est conçue pour frapper d'estoc (en perçant) ou pour frapper de taille (en tranchant). Elle est à simple ou double tranchant, son bout est arrondi ou pointu. Pendant des siècles, les épées sont essentiellement de taille. On les tient aisément d'une seule main. Mais à partir de 1400 apparaissent les épées à deux mains : plus massives, comme la claymore écossaise.

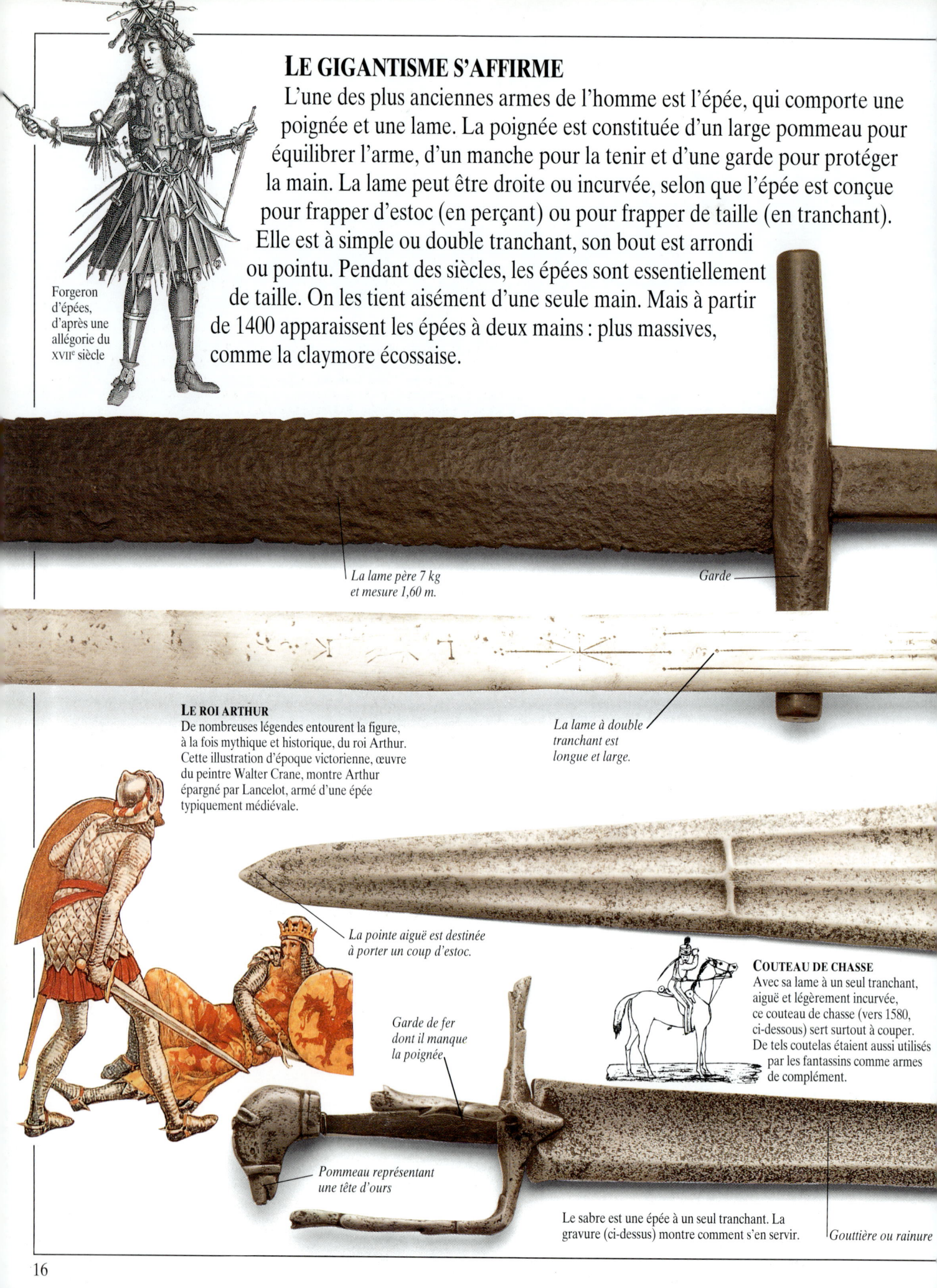

Forgeron d'épées, d'après une allégorie du XVIIe siècle

La lame père 7 kg et mesure 1,60 m.

Garde

La lame à double tranchant est longue et large.

LE ROI ARTHUR
De nombreuses légendes entourent la figure, à la fois mythique et historique, du roi Arthur. Cette illustration d'époque victorienne, œuvre du peintre Walter Crane, montre Arthur épargné par Lancelot, armé d'une épée typiquement médiévale.

La pointe aiguë est destinée à porter un coup d'estoc.

COUTEAU DE CHASSE
Avec sa lame à un seul tranchant, aiguë et légèrement incurvée, ce couteau de chasse (vers 1580, ci-dessous) sert surtout à couper. De tels coutelas étaient aussi utilisés par les fantassins comme armes de complément.

Garde de fer dont il manque la poignée

Pommeau représentant une tête d'ours

Le sabre est une épée à un seul tranchant. La gravure (ci-dessus) montre comment s'en servir.

Gouttière ou rainure

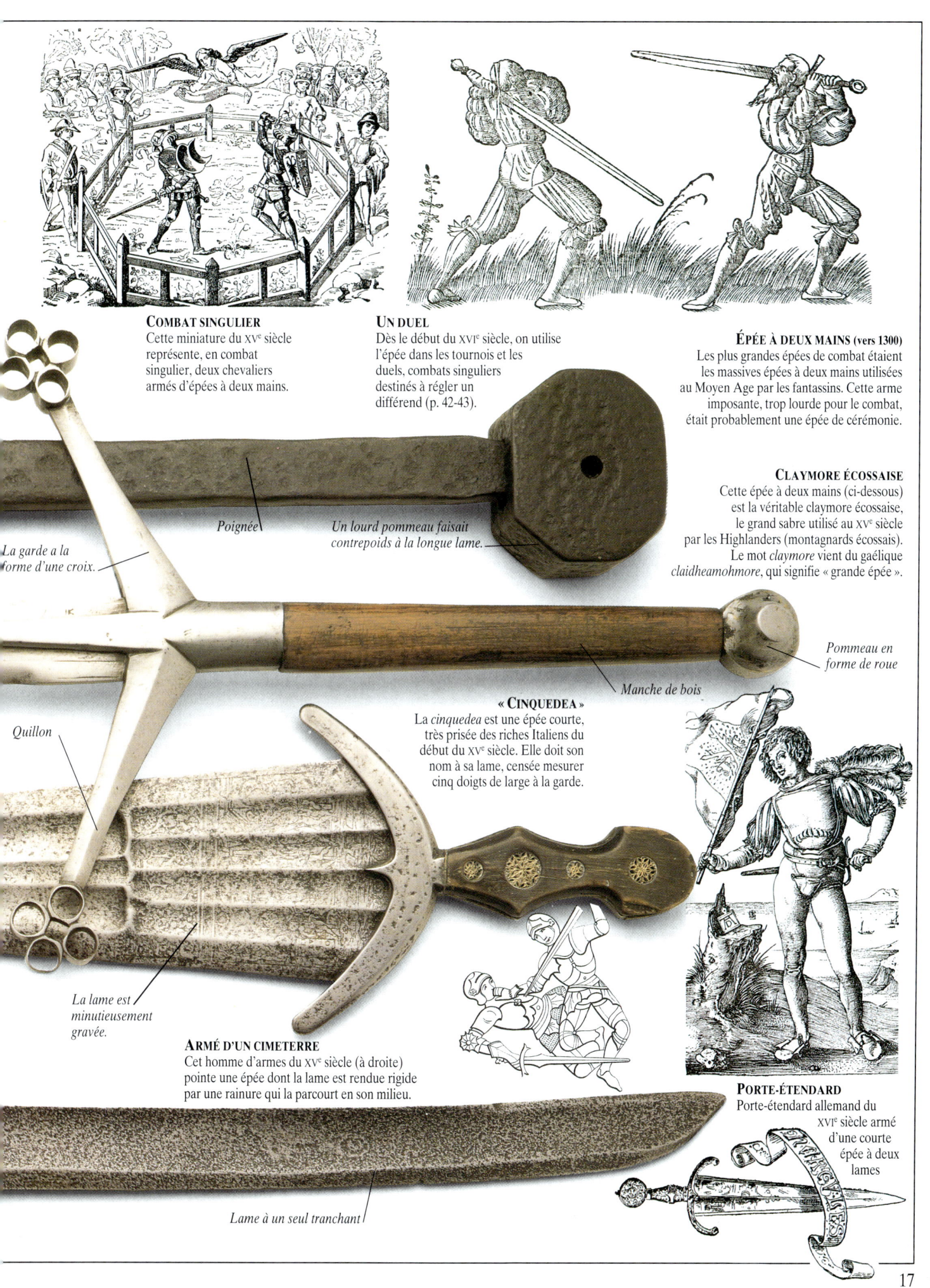

COMBAT SINGULIER
Cette miniature du XVe siècle représente, en combat singulier, deux chevaliers armés d'épées à deux mains.

UN DUEL
Dès le début du XVIe siècle, on utilise l'épée dans les tournois et les duels, combats singuliers destinés à régler un différend (p. 42-43).

ÉPÉE À DEUX MAINS (vers 1300)
Les plus grandes épées de combat étaient les massives épées à deux mains utilisées au Moyen Age par les fantassins. Cette arme imposante, trop lourde pour le combat, était probablement une épée de cérémonie.

CLAYMORE ÉCOSSAISE
Cette épée à deux mains (ci-dessous) est la véritable claymore écossaise, le grand sabre utilisé au XVe siècle par les Highlanders (montagnards écossais). Le mot *claymore* vient du gaélique *claidheamohmore*, qui signifie « grande épée ».

La garde a la forme d'une croix.
Poignée
Un lourd pommeau faisait contrepoids à la longue lame.
Manche de bois
Pommeau en forme de roue
Quillon

« CINQUEDEA »
La *cinquedea* est une épée courte, très prisée des riches Italiens du début du XVe siècle. Elle doit son nom à sa lame, censée mesurer cinq doigts de large à la garde.

La lame est minutieusement gravée.

ARMÉ D'UN CIMETERRE
Cet homme d'armes du XVe siècle (à droite) pointe une épée dont la lame est rendue rigide par une rainure qui la parcourt en son milieu.

PORTE-ÉTENDARD
Porte-étendard allemand du XVIe siècle armé d'une courte épée à deux lames

Lame à un seul tranchant

17

LA MÉCANIQUE ENTRE EN SCÈNE

Au cours du Moyen Âge, l'apparition de l'arbalète et du grand arc de guerre révolutionne l'usage de l'arc pour la chasse et la guerre (p. 9). Dotée d'un fût muni d'un ressort, l'arbalète constitue une arme beaucoup plus précise et meurtrière. Les ressorts sont parfois si puissants qu'il faut recourir à divers mécanismes pour les tendre. Et malgré une portée plus grande, sa rapidité de tir est moindre. Sa fabrication est plus onéreuse. Le grand arc de guerre est une version très améliorée de l'arc ordinaire et ses flèches à ponte d'acier sont mortelles à une portée de 91 m. Aucune de ces innovations ne parvenant à imposer sa supériorité sur l'autre, beaucoup d'armées médiévales comportent à la fois des corps d'archers et d'arbalétriers.

Pointes de flèches en fer utilisées au Moyen Age

ARCHERS
Manuscrit du XVe siècle montrant des archers à grand arc.

Ce soldat utilise une moufle pour bander l'arc, au XIVe siècle. Vu la lenteur de sa mise en œuvre, il était plus propre à la chasse qu'à la guerre.

MODE D'EMPLOI D'UNE ARBALÈTE

1- La corde de l'arc est maintenue tendue par une tête de pivot (la noix), montée sur le fût (l'arbrier) qui supporte l'arc et le mécanisme de détente.
2- Le carreau, introduit dans l'encoche à l'extrémité du fût, est dirigé vers la cible par pression de l'arrière du fût contre la joue.
3- Le carreau est éjecté en pressant l'arrière de la détente.

Au XVe siècle, beaucoup de villes fortifiées entretenaient leur propre garnison. A noter les deux arbalétriers et leurs moufles (au bas de la gravure).

Manivelle du treuil

Arc de guerre anglais, reconstitution du XIXe siècle (ci-dessous)

GRAND ARC DE GUERRE
Taillé dans une seule pièce de bois, généralement l'if, le grand arc de guerre, utilisé par des archers bien entraînés, est une arme redoutable. Sa longueur, variable selon les pays, correspondait en Angleterre à l'envergure de l'archer.

La corde est fixée à l'arc par une encoche de corne.

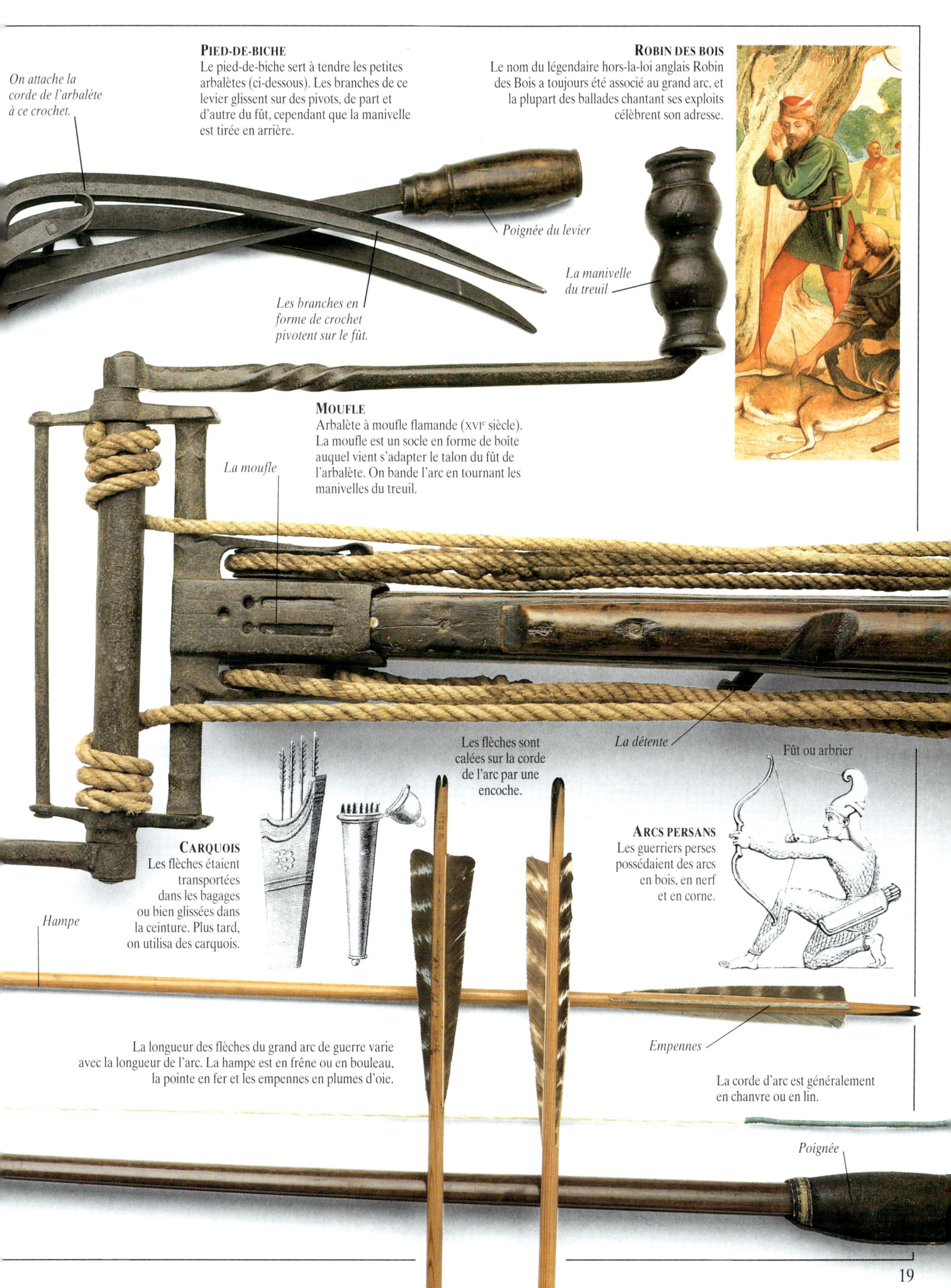

On attache la corde de l'arbalète à ce crochet.

PIED-DE-BICHE
Le pied-de-biche sert à tendre les petites arbalètes (ci-dessous). Les branches de ce levier glissent sur des pivots, de part et d'autre du fût, cependant que la manivelle est tirée en arrière.

ROBIN DES BOIS
Le nom du légendaire hors-la-loi anglais Robin des Bois a toujours été associé au grand arc, et la plupart des ballades chantant ses exploits célèbrent son adresse.

Poignée du levier

La manivelle du treuil

Les branches en forme de crochet pivotent sur le fût.

La moufle

MOUFLE
Arbalète à moufle flamande (XVIe siècle). La moufle est un socle en forme de boîte auquel vient s'adapter le talon du fût de l'arbalète. On bande l'arc en tournant les manivelles du treuil.

Les flèches sont calées sur la corde de l'arc par une encoche.

La détente

Fût ou arbrier

CARQUOIS
Les flèches étaient transportées dans les bagages ou bien glissées dans la ceinture. Plus tard, on utilisa des carquois.

ARCS PERSANS
Les guerriers perses possédaient des arcs en bois, en nerf et en corne.

Hampe

Empennes

La longueur des flèches du grand arc de guerre varie avec la longueur de l'arc. La hampe est en frêne ou en bouleau, la pointe en fer et les empennes en plumes d'oie.

La corde d'arc est généralement en chanvre ou en lin.

Poignée

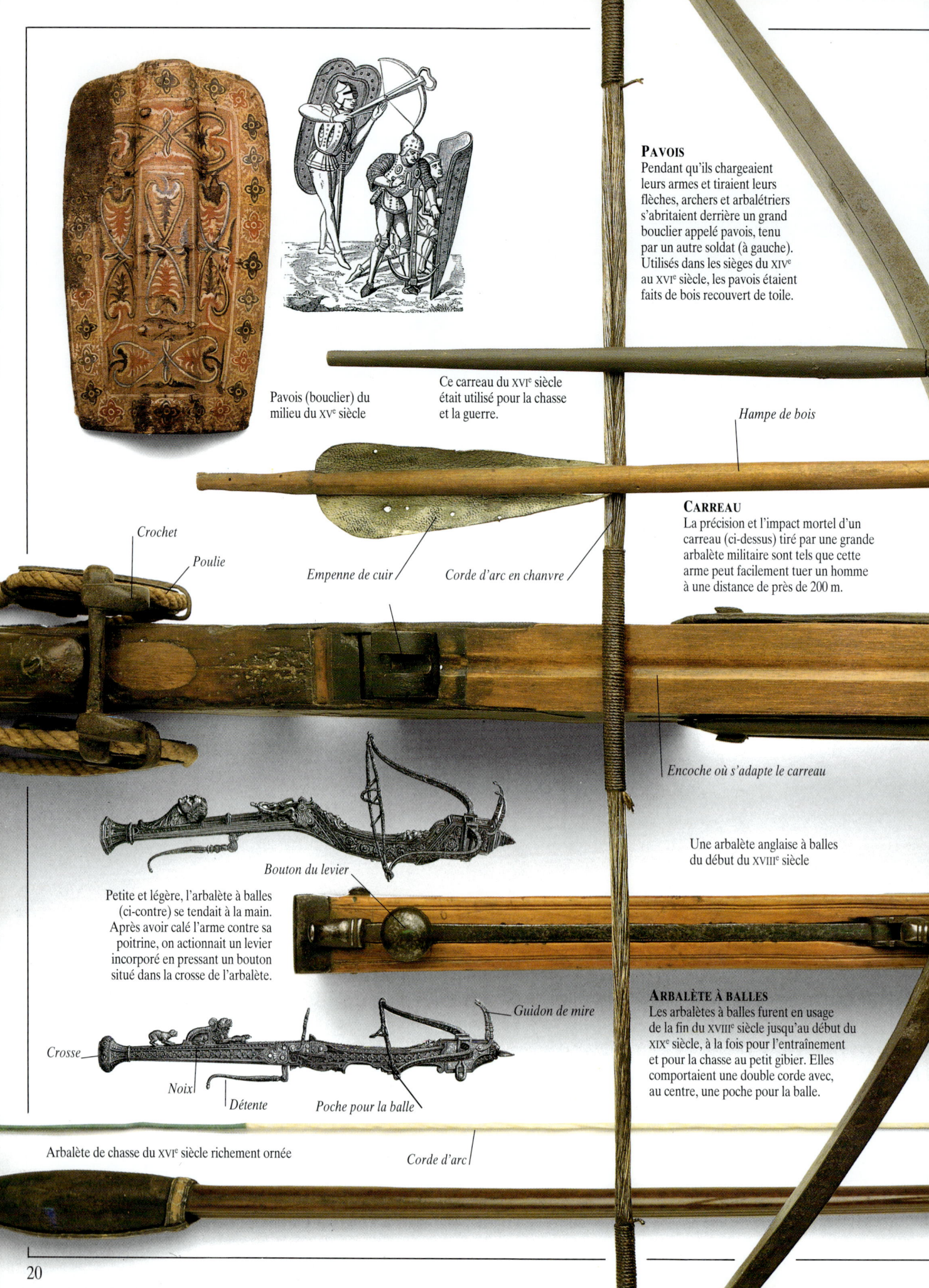

PAVOIS
Pendant qu'ils chargeaient leurs armes et tiraient leurs flèches, archers et arbalétriers s'abritaient derrière un grand bouclier appelé pavois, tenu par un autre soldat (à gauche). Utilisés dans les sièges du XIVe au XVIe siècle, les pavois étaient faits de bois recouvert de toile.

Pavois (bouclier) du milieu du XVe siècle

Ce carreau du XVIe siècle était utilisé pour la chasse et la guerre.

Hampe de bois

CARREAU
La précision et l'impact mortel d'un carreau (ci-dessus) tiré par une grande arbalète militaire sont tels que cette arme peut facilement tuer un homme à une distance de près de 200 m.

Crochet
Poulie
Empenne de cuir
Corde d'arc en chanvre

Encoche où s'adapte le carreau

Une arbalète anglaise à balles du début du XVIIIe siècle

Bouton du levier

Petite et légère, l'arbalète à balles (ci-contre) se tendait à la main. Après avoir calé l'arme contre sa poitrine, on actionnait un levier incorporé en pressant un bouton situé dans la crosse de l'arbalète.

Guidon de mire

ARBALÈTE À BALLES
Les arbalètes à balles furent en usage de la fin du XVIIIe siècle jusqu'au début du XIXe siècle, à la fois pour l'entraînement et pour la chasse au petit gibier. Elles comportaient une double corde avec, au centre, une poche pour la balle.

Crosse
Noix
Détente
Poche pour la balle

Arbalète de chasse du XVIe siècle richement ornée

Corde d'arc

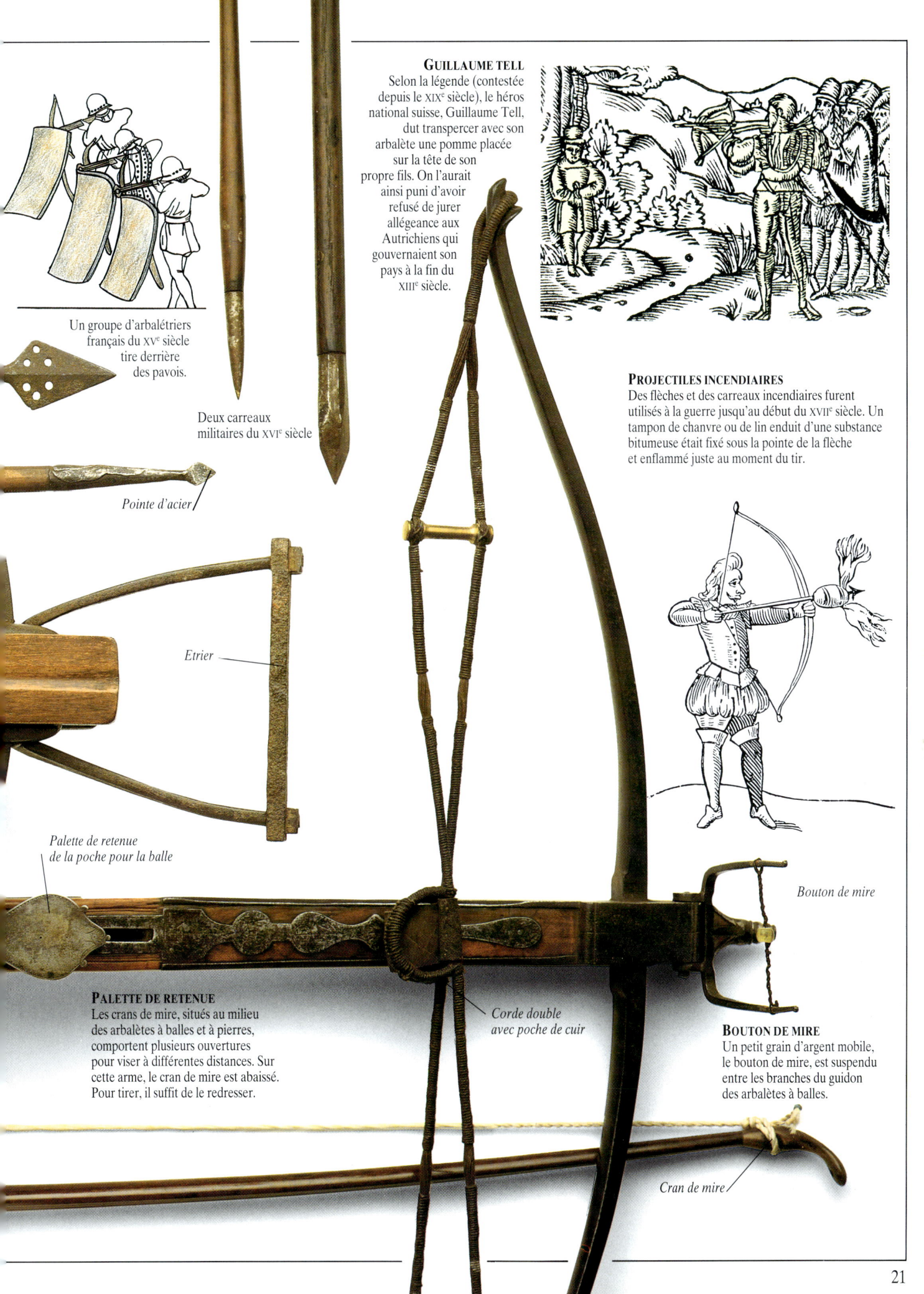

Un groupe d'arbalétriers français du XVe siècle tire derrière des pavois.

Deux carreaux militaires du XVIe siècle

Pointe d'acier

Etrier

Palette de retenue de la poche pour la balle

PALETTE DE RETENUE
Les crans de mire, situés au milieu des arbalètes à balles et à pierres, comportent plusieurs ouvertures pour viser à différentes distances. Sur cette arme, le cran de mire est abaissé. Pour tirer, il suffit de le redresser.

Corde double avec poche de cuir

GUILLAUME TELL
Selon la légende (contestée depuis le XIXe siècle), le héros national suisse, Guillaume Tell, dut transpercer avec son arbalète une pomme placée sur la tête de son propre fils. On l'aurait ainsi puni d'avoir refusé de jurer allégeance aux Autrichiens qui gouvernaient son pays à la fin du XIIIe siècle.

PROJECTILES INCENDIAIRES
Des flèches et des carreaux incendiaires furent utilisés à la guerre jusqu'au début du XVIIe siècle. Un tampon de chanvre ou de lin enduit d'une substance bitumeuse était fixé sous la pointe de la flèche et enflammé juste au moment du tir.

Bouton de mire

BOUTON DE MIRE
Un petit grain d'argent mobile, le bouton de mire, est suspendu entre les branches du guidon des arbalètes à balles.

Cran de mire

DE TAILLE ET D'ESTOC, ON DIVERSIFIE

Les haches, poignards et couteaux sont utilisés comme armes depuis les temps préhistoriques (pp. 6-7). Les lames sont alors en pierre ou en bronze. Mais au Moyen Âge, l'acier ou le fer prennent généralement le relais, avec souvent des pointes supplémentaires qui leur conféraient un aspect encore plus redoutable. Malgré leur apparente ressemblance, poignards et couteaux sont deux armes bien distinctes. Avec ses deux tranchants acérés qui vont en s'effilant, le poignard reste une arme d'estoc. Avec sa lame à un seul tranchant, le couteau sert surtout à couper. Une sélection de haches, de dagues et de couteaux du monde entier permet de voir comment chaque pays conçoit lames et manches en fonction de sa culture et de ses besoins.

Fantassin américain du XIXe siècle armé d'un couteau Bowie

COUTEAU-BAGUE
Porté comme une bague à l'index, ce couteau incurvé est utilisé par les Bantous de Tanzanie, en Afrique orientale.

COUTEAU DE JET
Ce couteau (pp. 8-9) provient du Zaïre, en Afrique centrale. Lancé, il tourne autour de son centre de gravité, de façon à blesser l'adversaire, quel que soit son point d'impact.

Poignée en bois avec ligature de cuir et de cuivre

HACHE D'ESTOC
Ce type particulier de hache d'estoc (ci-dessous) est fabriqué par les Matabélés du Zimbabwe. Comme le haut du manche forme un angle droit avec le bout pointu de la lame, cette hache sert aussi bien à porter un coup d'estoc qu'à couper.

COUTEAU NIGÉRIEN
Cet insolite couteau (à gauche), fabriqué par des tribus du nord du Niger, se tient dans la paume de la main et se projette.

Cette partie est tenue dans la paume de la main.

POIGNARD À SILEX
Ce poignard en silex à poignée de mosaïque est l'œuvre des Aztèques, ces Indiens d'Amérique centrale qui dominèrent un temps le Mexique.

HACHE DE GUERRE NAGA
Appelée *dao*, cette arme impressionnante à usages multiples était employée jadis dans les guerres tribales que se livraient les chasseurs de têtes nagas de l'Assam.

Long manche de bambou recouvert en partie de rotin tressé

COUTEAU PLIANT ESPAGNOL
La lame de ce couteau de la fin du XIXe siècle se replie en arrière de façon à se loger partiellement dans le manche. Un ressort en acier la maintient en place.

Poignée en corne avec bague en cuivre

HACHE DE BOURREAU
Les lourdes haches de bourreau à deux mains, utilisées pour les décapitations, ne furent fabriquées qu'en Europe centrale et septentrionale.

Poils d'animaux teints

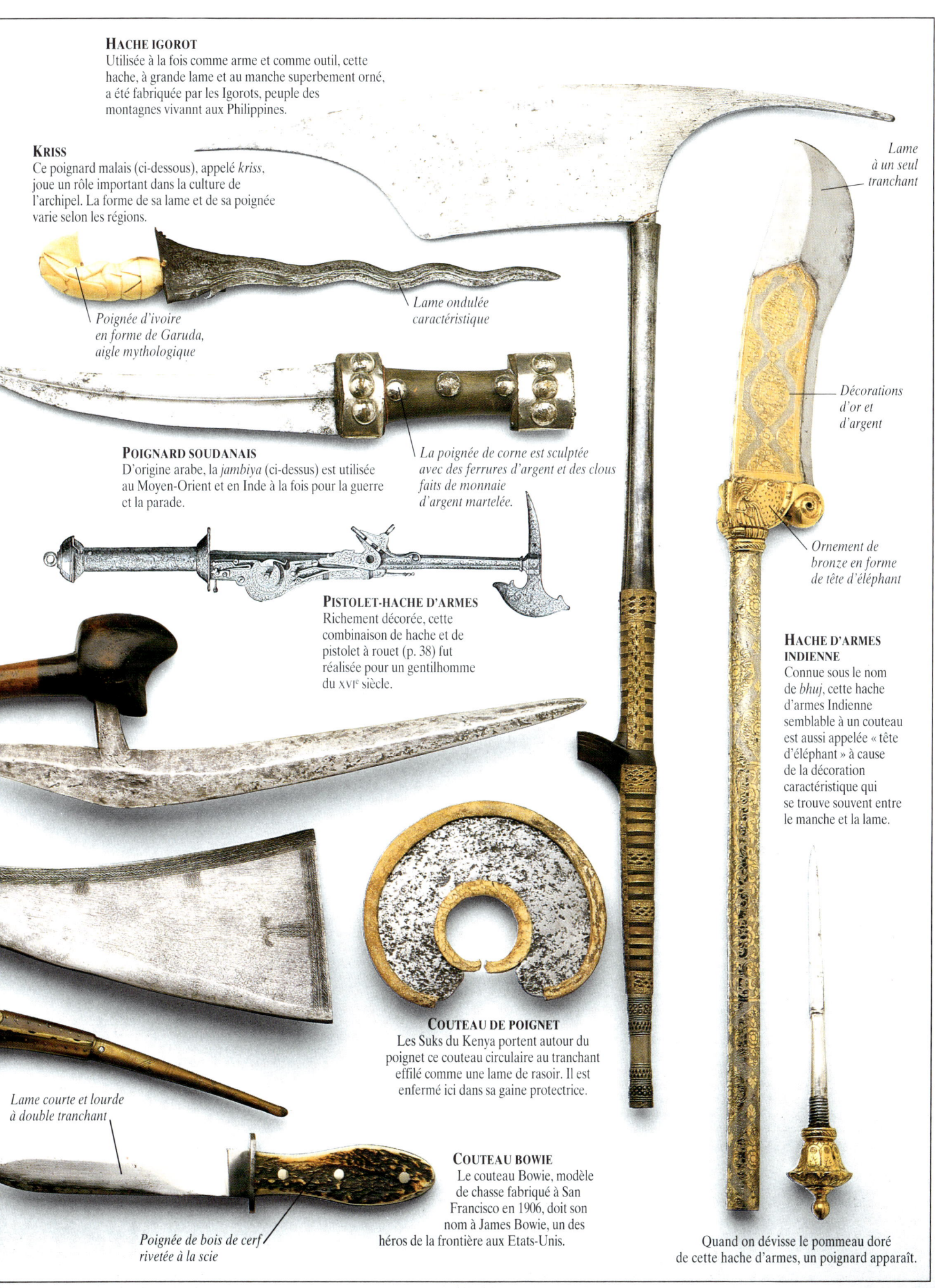

Hache Igorot
Utilisée à la fois comme arme et comme outil, cette hache, à grande lame et au manche superbement orné, a été fabriquée par les Igorots, peuple des montagnes vivannt aux Philippines.

Kriss
Ce poignard malais (ci-dessous), appelé *kriss*, joue un rôle important dans la culture de l'archipel. La forme de sa lame et de sa poignée varie selon les régions.

Poignée d'ivoire en forme de Garuda, aigle mythologique

Lame ondulée caractéristique

Lame à un seul tranchant

Poignard soudanais
D'origine arabe, la *jambiya* (ci-dessus) est utilisée au Moyen-Orient et en Inde à la fois pour la guerre et la parade.

La poignée de corne est sculptée avec des ferrures d'argent et des clous faits de monnaie d'argent martelée.

Décorations d'or et d'argent

Pistolet-hache d'armes
Richement décorée, cette combinaison de hache et de pistolet à rouet (p. 38) fut réalisée pour un gentilhomme du XVIe siècle.

Ornement de bronze en forme de tête d'éléphant

Hache d'armes indienne
Connue sous le nom de *bhuj*, cette hache d'armes Indienne semblable à un couteau est aussi appelée « tête d'éléphant » à cause de la décoration caractéristique qui se trouve souvent entre le manche et la lame.

Couteau de poignet
Les Suks du Kenya portent autour du poignet ce couteau circulaire au tranchant effilé comme une lame de rasoir. Il est enfermé ici dans sa gaine protectrice.

Lame courte et lourde à double tranchant

Couteau Bowie
Le couteau Bowie, modèle de chasse fabriqué à San Francisco en 1906, doit son nom à James Bowie, un des héros de la frontière aux Etats-Unis.

Poignée de bois de cerf rivetée à la scie

Quand on dévisse le pommeau doré de cette hache d'armes, un poignard apparaît.

Ce chevalier représenté sur un relief italien (vers 1289) porte une jambière de cuir.

LES MAILLES CÈDENT

La cotte de mailles, faite d'anneaux de fer ou d'acier réunis les uns aux autres, resta le principal type d'armure de la période celte (pp. 10-11). À partir du XIIIe siècle, les chevaliers la jugèrent non seulement inconfortable à porter, mais également inefficace contre des armes telles que le marteau d'armes et les épées à deux mains. Ils adoptèrent alors progressivement l'armure de plates (plaques de fer ou d'acier) qu'ils se contentaient d'ajouter à la cotte de mailles. Mais du XVe siècle jusqu'à l'apparition des armes à feu, au début du XVIIe siècle, les chevaliers qui partaient à la guerre s'en équipèrent de la tête aux pieds.

Chevalier en cotte de mailles en train de prier, vers 1250

CHEMISE DE MAILLES
Cette chemise de mailles orientale (ci-dessous) est faite de solides anneaux, cousus sans jointure. Les mailles européennes étaient en général rivetées : chaque anneau était aplati à son extrémité et réuni au suivant par un rivet.

MARTEAU D'ARMES
A l'origine, ce marteau d'armes français (vers 1580), destiné à transpercer les armures, comportait un manche plus long pour les chevaliers jetés à bas de leur monture.

Détail d'une peinture de l'abbaye de Westminster. Chevalier du Moyen Age au cou protégé par une cotte de mailles.

JOUTE À TOURS (vers 1446)
Jusqu'au XVIe siècle, les chevaliers portaient lors des tournois une armure de guerre ordinaire (pp. 30-31).

Arrêts de cuirasse servant à faire dévier la pointe des armes tranchantes

PLASTRON
Fabriqué vers 1570 par un célèbre armurier italien, ce plastron d'une seule pièce, léger mais robuste, est un véritable chef-d'œuvre de réalisation technique. Sa forme imite celle du pourpoint du XVIe siècle.

Sangles pour attacher le plastron à la dossière

Il est décoré d'anges gravés et dorés.

Longue pointe aiguë fixée à l'arrière de l'arme et équilibrée par deux dents à l'avant

MAXIMILIENNE
Chevalier allemand revêtu d'une maximilienne, armure de plates plus lourde et plus ronde que les armures antérieures. D'après une gravure du début du XVIe siècle.

Arrêt de lance permettant de caler le talon de la lance lors des tournois (pp. 30-31)

La braconnière se fixe aux tassettes par des boucles (p. 26).

Cette plate est constituée de plaques d'acier articulées, dont la dernière s'adapte aux articulations des doigts.

La poignet est recouvert d'une plate : le garde-manches.

GANTELET
Gantelet réalisé en Allemagne autour de 1850 (ci-contre). Cette pièce qui protège la main et le poignet témoigne de la complexité de fabrication des armures de qualité et de l'habileté des artisans.

SOLERET (vers 1450)
Le soleret (ci-dessous) protège le pied. Comme pour le gantelet, cette partie de l'armure doit permettre la plus grande liberté de mouvement grâce à des plates soigneusement articulées sur toute la longueur.

MAXIMILIEN DE HABSBOURG
L'empereur Maximilien de Habsbourg, en visite chez son aumônier sur cette gravure (vers 1517), a donné son nom à une armure : la maximilienne.

Pièce de renfort particulièrement longue et pointue qui s'articule au cou-de-pied

25

L'ACIER S'ARTICULE AUTOUR DES GUERRIERS

Vers le milieu du XVe siècle, le chevalier armé de pied en cap est quasi enfermé dans son armure. Toutefois, grâce à l'habileté des armuriers de la fin du Moyen Âge, il n'était pas aussi prisonnier qu'il pouvait le paraître ; en effet, les articulations étaient conçues pour lui donner une grande liberté de mouvement. L'armure complète représentée sur ces pages a été fabriquée en Italie au milieu du XVIe siècle. Les armuriers du nord de la péninsule, avec ceux du sud de l'Allemagne, étaient alors les plus réputés d'Europe.

Ce sceau d'un roi de Bohême au XIIIe siècle nous montre une armure caractéristique de cette période.

Large visière se relevant sur le front pour mieux respirer, ou pour boire et manger

Charnière et pivot

CASQUE
Ce casque clos (p. 28) épouse la forme du visage et s'articule à la hauteur du cou avec une gorgière de plates (p. 28).

Courroie en cuir pour fixer le plastron à la dossière

A partir du XVe siècle, la plupart des armures comportaient des gorgières de plates pour protéger le cou

Le bord du cou et des aisselles est protégé par un « arrêt de cuirasse » destiné à faire dévier la pointe des armes tranchantes.

Gorgière de plates conçue pour chevaucher le gorgerin

Sangle attachant la braconnière aux tassettes

Les plates d'acier articulées de tassettes permettent les mouvements.

SAINT GEORGES TERRASSANT LE DRAGON
Les tableaux donnent rarement une idée très exacte des armures médiévales souvent idéalisées par les peintres, même contemporains. Cependant les manuscrits soigneusement illustrés sont de précieux témoins des décorations des premières armures.

CUIRASSE
La cuirasse, partie de l'armure couvrant le torse, est composée d'un plastron (devant) et d'une dossière (derrière), reliés par des attaches. Le plastron est prolongé par une braconnière pour l'abdomen et par des tassettes qui protègent le haut des cuisses.

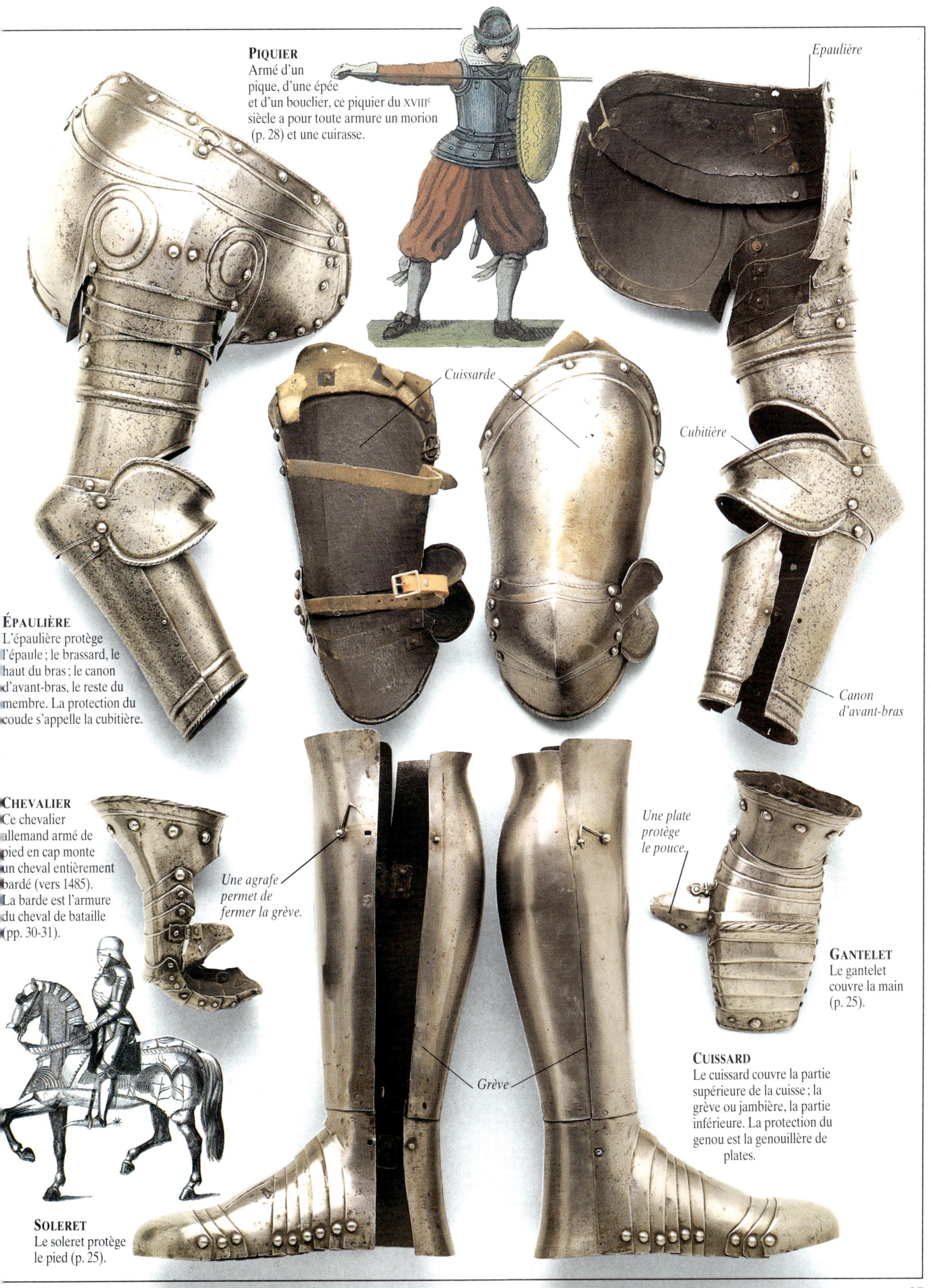

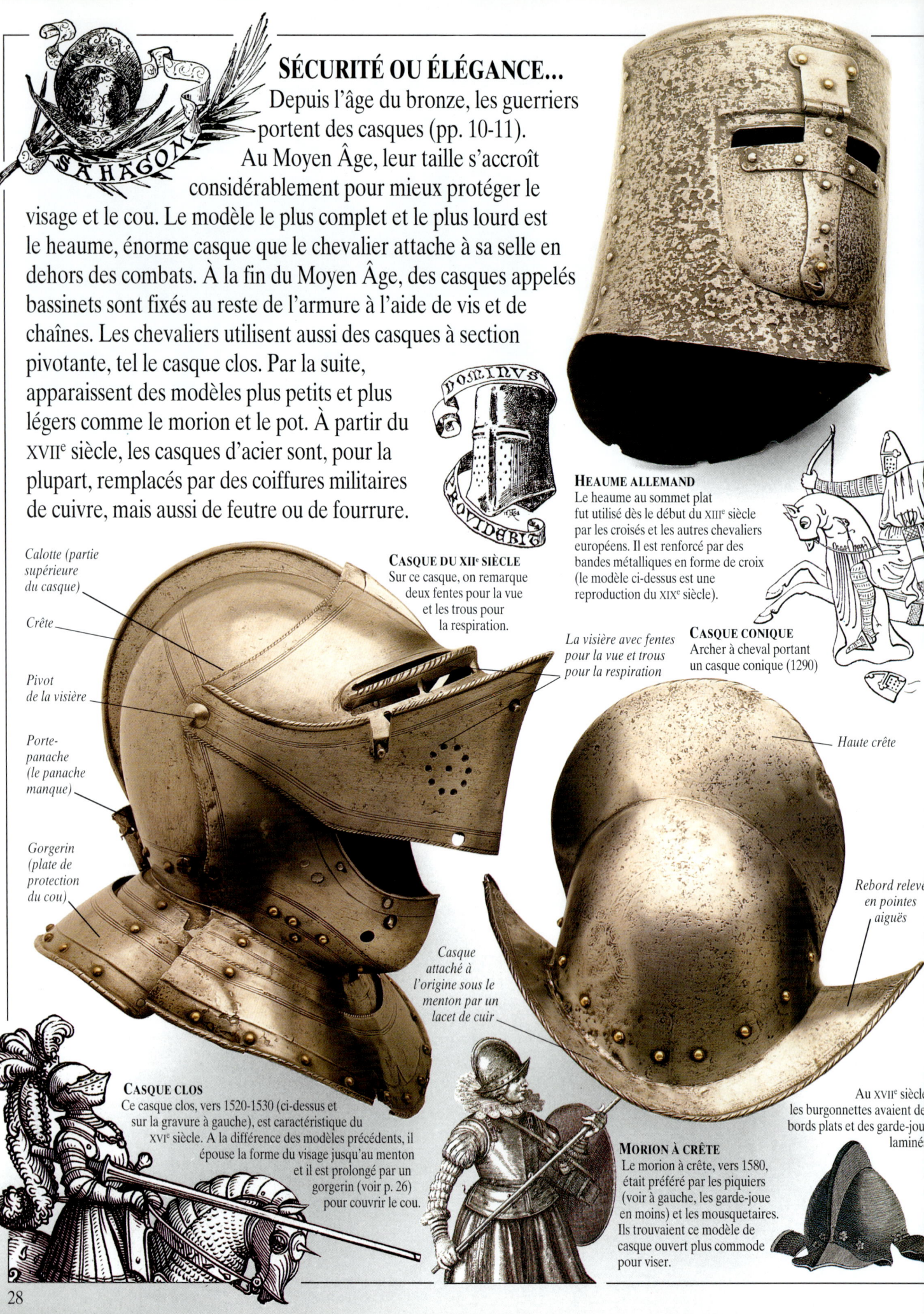

SÉCURITÉ OU ÉLÉGANCE...

Depuis l'âge du bronze, les guerriers portent des casques (pp. 10-11). Au Moyen Âge, leur taille s'accroît considérablement pour mieux protéger le visage et le cou. Le modèle le plus complet et le plus lourd est le heaume, énorme casque que le chevalier attache à sa selle en dehors des combats. À la fin du Moyen Âge, des casques appelés bassinets sont fixés au reste de l'armure à l'aide de vis et de chaînes. Les chevaliers utilisent aussi des casques à section pivotante, tel le casque clos. Par la suite, apparaissent des modèles plus petits et plus légers comme le morion et le pot. À partir du XVIIe siècle, les casques d'acier sont, pour la plupart, remplacés par des coiffures militaires de cuivre, mais aussi de feutre ou de fourrure.

HEAUME ALLEMAND
Le heaume au sommet plat fut utilisé dès le début du XIIIe siècle par les croisés et les autres chevaliers européens. Il est renforcé par des bandes métalliques en forme de croix (le modèle ci-dessus est une reproduction du XIXe siècle).

CASQUE DU XIIe SIÈCLE
Sur ce casque, on remarque deux fentes pour la vue et les trous pour la respiration.

Calotte (partie supérieure du casque)
Crête
Pivot de la visière
Porte-panache (le panache manque)
Gorgerin (plate de protection du cou)

La visière avec fentes pour la vue et trous pour la respiration

CASQUE CONIQUE
Archer à cheval portant un casque conique (1290)

Haute crête
Rebord relevé en pointes aiguës

Casque attaché à l'origine sous le menton par un lacet de cuir

CASQUE CLOS
Ce casque clos, vers 1520-1530 (ci-dessus et sur la gravure à gauche), est caractéristique du XVIe siècle. A la différence des modèles précédents, il épouse la forme du visage jusqu'au menton et il est prolongé par un gorgerin (voir p. 26) pour couvrir le cou.

MORION À CRÊTE
Le morion à crête, vers 1580, était préféré par les piquiers (voir à gauche, les garde-joue en moins) et les mousquetaires. Ils trouvaient ce modèle de casque ouvert plus commode pour viser.

Au XVIIe siècle les burgonnettes avaient des bords plats et des garde-joues laminés

Trois pièces d'acier sont soudées les unes aux autres.

Fente pour la vue

Clou servant à fixer la visière

Trous pour la respiration

HEAUME CONIQUE
Ce heaume conique (vers 1370) fut surtout utilisé dans les tournois (pp. 30-31). Il s'agit d'un modèle tardif sans doute porté par-dessus un bassinet (à droite). Le tout représentait un poids énorme sur les épaules du chevalier.

Chaîne de sûreté servant au transport du heaume

BASSINET ALLEMAND
Ce type de calotte de fer portée sous un heaume est le plus courant entre 1350 et 1450. Dès le début du XIVe siècle apparaît la visière, destinée à protéger le visage. Dans ce modèle du XVe siècle, les plaques (seule demeure celle du cou) ont remplacé les mailles.

Les chevaliers du XIVe siècle étaient coiffés de bassinets (ci-dessus).

Couvre-nuque rivé à la calotte du casque, et épousant plus ou moins la forme du cou

Nasal mobile protégeant le nez

Masque protecteur formé de trois barres verticales

Garde-joues

CHAPEAU HAUT DE FORME
Casque inhabituel, ce chapeau haut de forme de fer (vers 1640-1650) avec un nasal mobile, fut utilisé par les soldats de la cavalerie anglaise pendant la guerre civile. Originellement recouvert de tissu et paré de plumes, il ressemble aux chapeaux qu'arboraient alors les civils.

Mousquetaire du XVIIe siècle portant un chapeau de civil

POT ANGLAIS
Répandu vers le milieu du XVIIe siècle, ce casque est originaire d'Allemagne où il était appelé *Zischägge* (à droite). Il comprenait un couvre-nuque laminé et un couvre-nez lisse. La variante anglaise portée par les soldats de la cavalerie pendant la guerre civile de 1642-1648 était connue sous le nom de pot anglais ou pot « queue de homard ». Elle comportait un masque protecteur, un couvre-nuque et des garde-joues pivotants (ci-dessus).

29

L'ARMURE VA À LA PARADE

Les premiers tournois – simulacres de combat entre chevaliers – apparaissent sans doute dans les années 1100. Il s'agit à l'origine d'un entraînement militaire. Puis, vers 1400, ces tournois donnent lieu à de grandes fêtes, hautes en couleur. Sous les yeux de leur souverain et de leurs pairs, les chevaliers y donnent des démonstrations de courage et d'adresse. Ces simulacres de combat reçoivent bientôt le nom de joutes au cours desquelles deux chevaliers armés de lances s'affrontent de part et d'autre d'une barrière. Une protection supplémentaire du côté gauche du corps, qui sert de cible, est assurée par des armures spécialement conçues pour les concurrents.

Chevalier français armé d'une lance lors d'une joute

ARMOIRIES
On identifiait les participants des tournois à leurs armoiries arborées sur les écus et les tuniques. A l'origine, les blasons figuraient sur les surcots, vêtements portés par-dessus les cottes de mailles.

JOUTE
Vers le XVIᵉ siècle, les tournois devinrent des spectacles pompeux. Les terrains ou lices furent clôturés et surmontés de pavillons d'où la famille royale et les grands de la cour pouvaient suivre le combat. Ici, le roi Henry VIII joute avec l'un de ses chevaliers sous le regard de la reine.

CASQUE DE BRONZE
Au XVIIᵉ siècle, les tournois n'étaient plus guère que des parades équestres. L'armure de joute devint plus voyante, comme en témoigne ce casque de bronze datant de 1630 et orné d'un masque grotesque à visage humain.

ÉPERON DE JOUTE
Cet éperon de joute (ci-dessous) fut utilisé au début du XVIᵉ siècle. Il comporte des molettes pourvues de fortes piques acérées destinées à stimuler l'ardeur des chevaux.

Molette

30

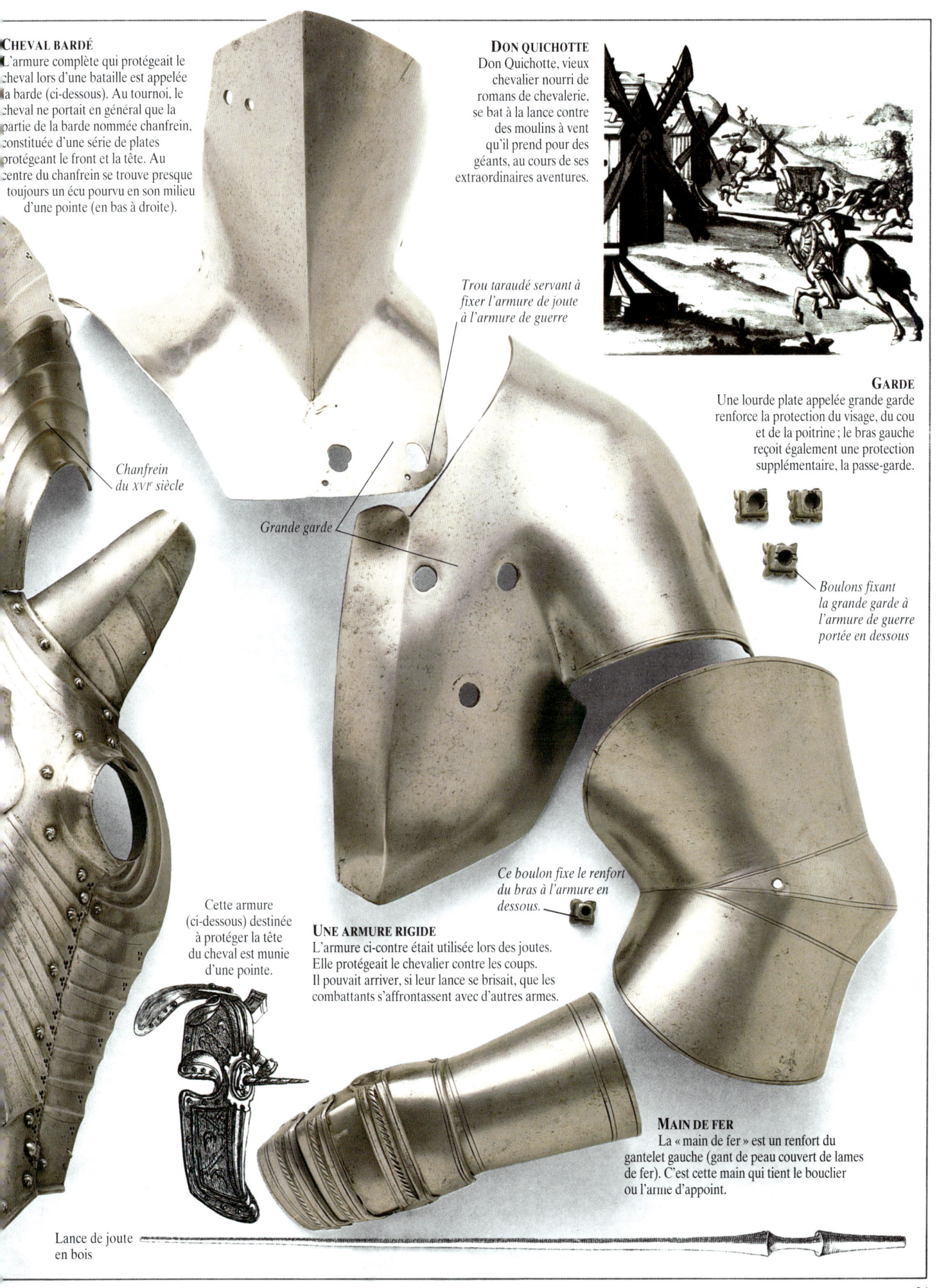

CHEVAL BARDÉ
L'armure complète qui protégeait le cheval lors d'une bataille est appelée la barde (ci-dessous). Au tournoi, le cheval ne portait en général que la partie de la barde nommée chanfrein, constituée d'une série de plates protégeant le front et la tête. Au centre du chanfrein se trouve presque toujours un écu pourvu en son milieu d'une pointe (en bas à droite).

Chanfrein du XVIe siècle

Trou taraudé servant à fixer l'armure de joute à l'armure de guerre

Grande garde

DON QUICHOTTE
Don Quichotte, vieux chevalier nourri de romans de chevalerie, se bat à la lance contre des moulins à vent qu'il prend pour des géants, au cours de ses extraordinaires aventures.

GARDE
Une lourde plate appelée grande garde renforce la protection du visage, du cou et de la poitrine ; le bras gauche reçoit également une protection supplémentaire, la passe-garde.

Boulons fixant la grande garde à l'armure de guerre portée en dessous

Cette armure (ci-dessous) destinée à protéger la tête du cheval est munie d'une pointe.

UNE ARMURE RIGIDE
L'armure ci-contre était utilisée lors des joutes. Elle protégeait le chevalier contre les coups. Il pouvait arriver, si leur lance se brisait, que les combattants s'affrontassent avec d'autres armes.

Ce boulon fixe le renfort du bras à l'armure en dessous.

MAIN DE FER
La « main de fer » est un renfort du gantelet gauche (gant de peau couvert de lames de fer). C'est cette main qui tient le bouclier ou l'arme d'appoint.

Lance de joute en bois

31

LES PERSES AFFIRMENT LEUR SUPRÉMATIE

Pendant plusieurs siècles les Perses restent les artisans les plus habiles d'Asie : toutes les armes et les armures orientales sont dominées par leur style. Au XVIe siècle, les envahisseurs moghols – guerriers musulmans fondateurs d'une grande dynastie – introduisent en Inde les armes et armures de type persan. Bien que les Indiens aient déjà fabriqué des sortes de boucliers, et bien que certaines armes indiennes, comme le mousquet à mèche, soient dérivées des armes à feu européennes, les armes et l'armure du guerrier de l'Inde du Nord ressemblent à celles du guerrier persan ou turc.

Cimeterre d'après une gravure du XIXe

POIGNARD
Ce type de poignard indien appelé *khanjar* est pourvu d'une lame à double tranchant légèrement recourbée. La poignée est entièrement faite d'acier.

Poignée d'ivoire sculptée

Quillons courts et droits

MOGHOLS
Les Moghols, guerriers musulmans, fondèrent en Inde un grand empire, qui dura du XVIe siècle au XIXe siècle. Ceux représentés sur cette miniature moghole du XVIIe siècle portent des armes et des armures caractéristiques du nord de l'Inde.

Décoration d'émaux colorés

Lame d'acier trempé à double tranchant

Anneau de suspension orné d'émaux

Lame d'acier trempé

SABRE LÉGER
Le *chamshir*, est une arme indienne traditionnelle. Originaire de Perse, il gagna l'Inde, puis l'Europe, où il fut appelé « cimeterre ».

HACHE D'ACIER
Arme répandue chez les guerriers indiens, le *tabar* était une hache faite entièrement d'acier (p. 34-35). Ce type particulier comporte un pic aigu au dos d'une lame en forme de croissant.

GUERRIERS RAJPUTS
Ces guerriers rajputs, photographiés en 1857, portent un *dhal*, un *tulwar* et un *bandukh toradar* (mousquet à mèche).

Support de pointe (la pointe manque)

CASQUE
Connu sous le nom de *top*, ce casque indien est muni d'une espèce de rideau de mailles descendant jusqu'aux épaules, appelé aventaille. Le casque se fixe sous le menton avec un lacet tressé.

Support de panache (le panache manque)

Barre pivotante protégeant le nez

Aventaille protégeant le cou, les épaules et une partie du visage

BOUCLIER
Au XVIIIe siècle, les soldats indiens et persans utilisaient un bouclier (*dhal* ou *sipar*) fait d'acier ou de cuir (p. 34-35). Quatre bosses couvrent la fixation des poignées qui servent à porter le bouclier sur le bras gauche.

Ce bouclier d'acier trempé date du XIXe siècle. Il est décoré de motifs ciselés et dorés d'Inde du Nord.

Sangles pour les épaules avec agrafes métalliques

CANON
Ce canon d'avant-bras tubulaire (ci-dessous), ou *dastana*, se fixe au bras par des lanières. Un prolongement de mailles protège la main.

CUIRASSE
La cuirasse indienne (à droite), ou *chairaina* (les quatre miroirs, en persan), est constituée d'un plastron léger, d'une dossière et de deux plates pour les flancs. L'ensemble était conçu pour être porté par-dessus une chemise de mailles.

Fourreau de chamshir en bois, recouvert de cuir ciselé

Faux damas décoré d'or et d'argent

Damasquinage en or formant un entrelacs

33

LES SOLDATS HINDOUS S'AFFRANCHISSENT

Malgré l'influence étrangère (p. 32-33), certains peuples de l'Inde créent des armes bien à eux. Elles resteront en usage jusqu'au début du XXᵉ siècle, parallèlement aux épées indo-persanes et aux mousquets de type européen. Au nombre de ces armes caractéristiques et souvent richement décorées se trouvent le *katar*, poignard hindou, ainsi que le *chakram*, palet ou disque d'acier employé pour la guerre et porté par les Sikhs sur leurs turbans.

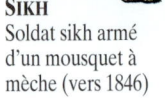

SIKH
Soldat sikh armé d'un mousquet à mèche (vers 1846)

Poignée de jade incrustée de rubis et de diamants

« PESH-KABZ »
Le *pesh-kabz* (ci-dessus), poignard spécial originaire de Perse et de l'Inde du Nord, servait surtout à percer les mailles. La lame, large à la garde, s'amincit et s'effile pour former une pointe aiguë.

DIEU HINDOU
Le dieu hindou aux mains multiples représenté sur cette peinture (ci-dessus) tient plusieurs armes. On distingue : une hache, un poignard, un trident, des épées, une masse d'armes et une lance.

TABAR
La hache d'armes entièrement en acier (ci-dessus), ou *tabar* (p. 32), comporte un fer allongé, au tranchant arrondi. Sa poignée creuse dissimule un poignard vissé.

TALWAR
Le *talwar* (ci-dessous) est un sabre fortement incurvé, très répandu en Inde. Celui-ci a une courte poignée et un pommeau en disque, caractéristique de la région du Pendjab.

Garde en acier damasquinée d'or

BATAILLE
Cette scène de bataille moghole (à gauche, et p. 32) montre des combattants portant tous le *katar* ou poignard d'estoc. Certains sont également équipés du bouclier connu sous le nom de *dhal*. Le sabre indien *talwar* est aussi représenté. Les autres armes utilisées sont un arc et des flèches, une lance et un mousquet.

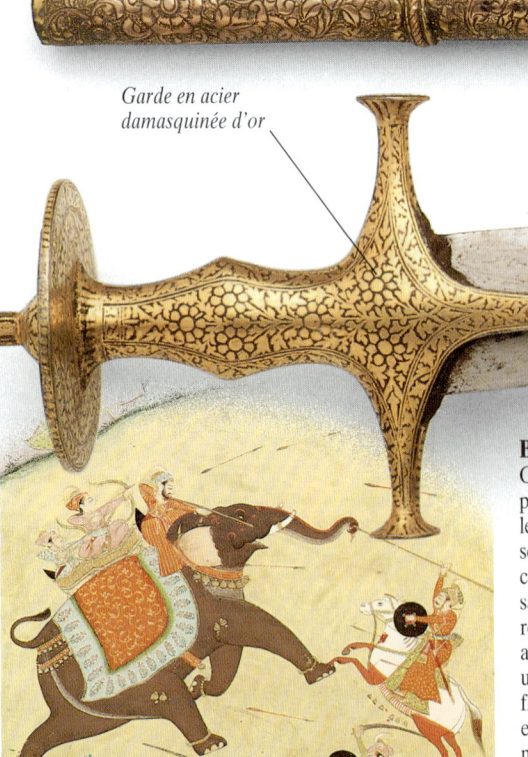

FLACON À POUDRE
Ce flacon à poudre en bois peint et doré, pour mousquet à mèche (à gauche), est sculpté en forme de poisson ; de la bouche de l'animal sort une déesse hindoue. Les mousquets à mèche, ou *bandukh toradars*, furent utilisés dans certaines régions de l'Inde jusqu'au début du XXe siècle.

CHAKRAM
Utilisé surtout pour les Sikhs du nord-ouest de l'Inde, le *chakram* (ci-dessous) est un disque plat en acier au bord extérieur tranchant comme un rasoir. Le soldat portait plusieurs disques autour d'un turban conique ; pour les lancer, il les tenait entre le pouce et l'index, ou bien il les faisait tourner autour de ce dernier (voir dessin).

Incrustation d'or et d'argent

Tête de marteau carrée

Lame à un seul tranchant

Large lame à double tranchant

KATAR
Le poignard hindou appelé *katar* (à droite) ne se trouve qu'en Inde. Entièrement en acier, cette arme, qui porte une poignée en forme de H, s'utilise comme arme de poing dans les corps à corps.

Branches métalliques protégeant le poignet

BOUCLIER
Ce bouclier de cuir (à gauche), ou *dhal* (p. 32-33), est décoré de peintures représentant des dieux hindous.

35

LES JAPONAIS METTENT L'ART AU SERVICE DE LA GUERRE

L'armure et les armes japonaises sont tout à fait uniques. Améliorée au cours des siècles, l'armure japonaise est décorative, surtout le modèle richement orné de la caste guerrière aristocratique des samouraïs. Du XIIe siècle jusqu'à la suppression de cette caste en 1868, les armes japonaises furent tout aussi remarquables et leurs sabres sont sans doute les plus beaux que l'on ait jamais conçus.

Un *tsuba* (garde de sabre)

Fourreau de *wakizashi*, saya en bois laqué (ci-dessous)

Etui protecteur pour fer de lance

La bague de métal sert à fixer le fer à la hampe.

Les incrustations de nacre forment une mosaïque.

La lame est constituée d'un noyau de fer recouvert de couches d'acier

Ce motif décoratif en laque noire représente une grosse écrevisse. Le cordon de soie sert à attacher l'épée à la ceinture.

Fourreau moucheté en laque

Poignée laquée

Les gardes de sabres, ou tsuba, *sont des pièces de collection (ci-dessus à gauche).*

Cette poignée de bois est recouverte de peau de poisson entourée d'une ganse tressée.

Dague typiquement japonaise (ci-dessus), le *tanto* possède une lame à un seul tranchant.

Les cavaliers portaient des lances à fer court, ou *yari* (à gauche), et les fantassins, des lances à fer long.

WAKIZASHI
Le samouraï portait deux sabres, un long et un court. Ce sabre du XVIIe siècle (à gauche) est un *wakizashi*, petit sabre d'appoint utilisé également pour le *seppuku* ou *hara-kiri*, suicide rituel par éventration.

Kabuto à insigne en forme de corne

FANTASSIN
Ce fantassin du XIXe siècle (ci-dessus) porte une cuirasse légère (p. 26), ou *karamaki*. Destiné principalement aux fantassins, le *karamaki* couvre la poitrine et les flancs du soldat, le bas du torse étant protégé par une jupe d'armes, le *kasazuri*.

ARMES D'APPOINT
Parmi les armes d'appoint, portées de chaque côté du fourreau de la dague, ou *tanto*, se trouvent un stylet, ou *kozuka* (à gauche), et une longue épingle appelée *kogai* (à l'extrême gauche).

Protection de la main, ou demi-gantelet doublé de cuir, comportant des boucles d'attache pour les doigts

36

ESTAMPE
Cette estampe du début du XIXe siècle représente deux samouraïs qui se battent au *katana*, long sabre de combat, (à gauche). Leur sabre d'appoint, le *wakizashi*, est glissé dans leur ceinture.

Ailerons ou lames de protection **fukigayeshi**

Décorations de cuivre et de laque

Maidate, porte-insigne frontal

Le cordon sert à fixer le masque au casque.

Moustache de chanvre

Gorgerin **nodowa**, *cette protection du cou s'attache sur la nuque à l'aide de cordons.*

Ouverture pour laisser dépasser les cheveux du guerrier relevés en chignon

Timbre du casque « hachi » fait de plates (plaques de fer rivetées)

Petites plates **shikoro** *constituant le couvre-nuque*

CASQUES JAPONAIS
La conception des casques japonais, ou *kabuto*, n'a cessé d'évoluer de la préhistoire au XIXe siècle, et chaque période possède ses propres caractéristiques. Le *kabuto*, casque de samouraï, se fixait sur la tête à l'aide de cordons.

MASQUES
Les guerriers portaient différents types de masques de guerre, ou *menpo* (ci-dessus). Ils permettaient de mieux fixer le casque sur la tête et donnaient aux soldats un aspect plus terrifiant.

Ce général japonais porte un casque ou kabuto surmonté d'un insigne ou kashira-date

BRASSARD
Sorte de canon d'avant-bras (p. 27), le brassard *kota* (ci-dessous) protégeait le bras des lances et des épées. Très ajusté, il se laçait autour du bras et de la poitrine.

Soie recouverte de petites plates unies par des mailles

37

Ce soldat tient un pistolet à rouet, première arme portative utilisée par la cavalerie lourde.

LA POUDRE SE MET À PARLER

Bien que l'usage de la poudre à canon soit répandu en Europe depuis le XIVe siècle, les armes à feu portatives ne connaissent leur pleine efficacité qu'au XVIe siècle. Des montures en bois aident alors le tireur à viser et à tenir le canon brûlant, tout en amortissant le choc du recul. L'invention d'un mécanisme de mise à feu, ou platine, lui permet de tirer exactement au moment voulu. Le fusil à mèche comporte une corde à feu à combustion lente qui s'enfonce dans le bassinet lorsqu'on appuie sur la détente. Le dispositif de mise à feu continuera de se perfectionner avec la platine à rouet, mécanisme produisant des étincelles au moment du tir. Cependant, comme il est trop onéreux d'en équiper chaque soldat, les deux systèmes resteront en usage jusqu'à leur remplacement par la platine à pierre, plus efficace (p. 41-44).

Le chien maintient la pyrite.

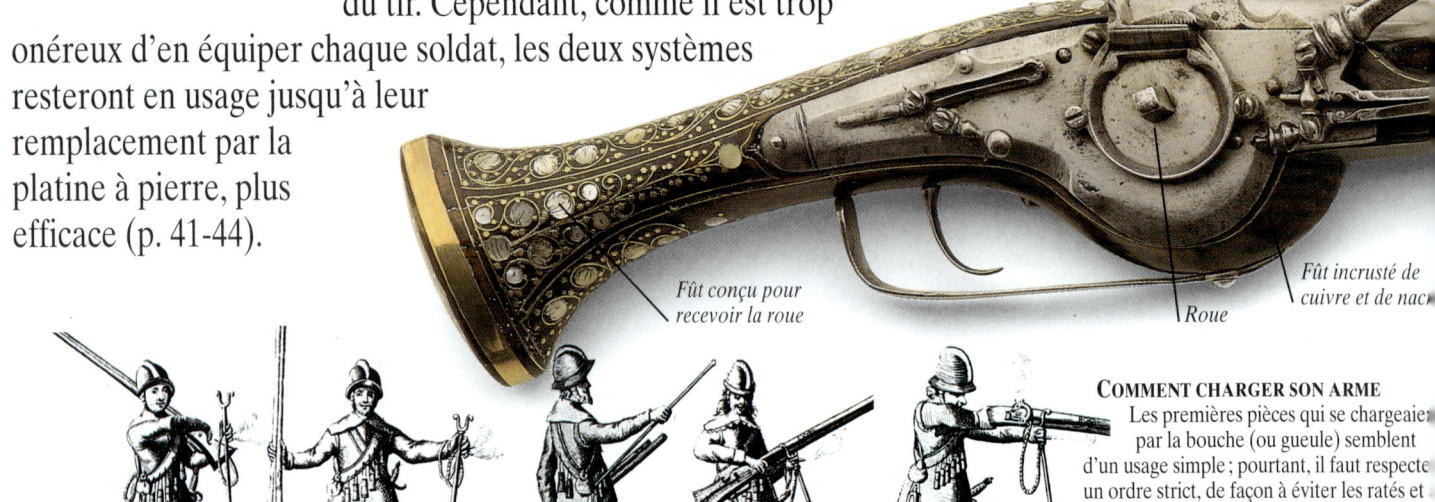

Fût conçu pour recevoir la roue

Roue

Fût incrusté de cuivre et de nacre

« Marchez et portez le support avec le mousquet. »   « Soupesez le mousquet. »   « Raccourcissez la baguette. »   « Essayez la mèche. »   « Feu ! »

MOUSQUET À MÈCHE

Le mousquet à mèche est l'arme typique de l'infanterie au début du XVIIe siècle. Il faut ouvrir le couvercle du bassinet (partie de la platine dans laquelle on mettait l'amorce) juste avant de viser. D'une pression sur la détente, la platine pousse dans le bassinet la mèche qui enflamme la poudre d'amorce. Un éclair traverse alors la lumière, petit trou situé dans le canon, et expulse la poudre de charge.

POUDRE
La poudre à canon, noire à l'origine, provoquait une épaisse fumée blanche (à droite) qui cachait souvent la cible et empêchait de bien viser.

COMMENT CHARGER SON ARME
Les premières pièces qui se chargeaient par la bouche (ou gueule) semblent d'un usage simple ; pourtant, il faut respecter un ordre strict, de façon à éviter les ratés et ne pas se blesser. Voici, à gauche, quelques-unes des opérations de chargement et de tir enseignées aux soldats pour l'utilisation de ces premières armes à feu.

Bassinet et couvre-bassinet

Mèche en corde

Fût en bois   *Pontet*   *Détente*   Un mousquet à mèche allemand, (début du XVIIe siècle)

COMMENT FONCTIONNE LE PISTOLET À ROUET

La poudre de charge est libérée par de la poudre d'amorce qui s'enflamme au contact d'étincelles. Celles-ci sont produites par un rouet (petite roue dentelée) qui frotte un morceau de pyrite (minerai de fer). Ce rouet est entraîné par un ressort remonté par une clef et placé en dessous du bassinet. Le mécanisme se met en marche lorsque le chien (pièce qui porte la pyrite) est abaissé.

Les armes à feu doivent permettre de frapper l'ennemi sans qu'il puisse approcher suffisamment pour faire usage d'une arme blanche.

Baguette de bois pour charger la poudre

Ce pistolet à rouet, originaire d'Europe du Nord, date du XVIIᵉ siècle.

La plupart des premières armes portatives se chargent par la bouche, ou gueule.

SUPPORT
Pour tirer, il fallait poser les lourds mousquets à mèche sur des supports fourchus.

Cette gravure représente David et Goliath

Balles de pistolet en plomb

FLASQUE
Par mesure de sécurité, les poires à poudre étaient faites de matières non ferreuses. Cette flasque de 1608 en corne de vache était sans doute portée par les mousquetaires, comme le montre la gravure de gauche.

Bec doseur

Poudre noire

PLASTRON
Les armures furent épaissies pour résister aux balles des armes portatives, mais elles devinrent trop lourdes pour être portées au complet. Ce plastron ancien, trop mince, fut traversé par une balle de mousquet au cours de la guerre civile anglaise de 1642-1648.

LE SILEX REVIENT EN FORCE

Plus fiable que la platine à mèche et moins coûteuse que la platine à rouet (p. 38-39), la platine à silex équipera la plupart des armes à feu européennes et américaines de la fin du XVIIIe siècle aux années 1830. Probablement inventé en France par l'armurier Marin Le Bourgeoys vers 1620, le mécanisme de la pierre à silex comporte deux positions : l'une pour le tir, l'autre pour la sécurité. Ce système de mise à feu, perfectionné ensuite sur des points de détail, n'est pas seulement destiné à régner sur les champs de bataille de toutes les grandes guerres de cette période, il devient aussi une arme essentielle pour les civils, qui l'utilisent pour les duels (p. 46-47), la défense ou la chasse (p. 48-49). Beaucoup de ces armes témoignent du très haut degré d'habileté de leurs artisans.

Le pirate Long John Silver, dans L'Ile au trésor de Robert Louis Stevenson, pistolet au poing

COMMENT CHARGER UN FUSIL

1- Chien en position avant, verser une quantité suffisante de poudre dans le canon à l'aide de la poire à poudre (p. 39).
2- Enfoncer une bourre sur la poudre.
3- Introduire la balle.
4- Enfoncer une seconde bourre, à tasser avec la baguette.
5- Reculer le chien jusqu'au cran de sûreté et verser la poudre d'amorçage dans le bassinet.
6- Tirer le chien en position arrière, puis presser la détente pour faire feu.

Une balle de mousquet

CARTOUCHE
Dans cette poche, chaque cartouche de mousquet en papier contient de la poudre et une balle.

Platine
Couvre-bassinet
Bassinet

Plaque de couche en cuivre
Crosse de noyer dur

FUSIL À SILEX
Ce fusil à silex de la fin du XVIIIe siècle, de style indien, appartient à la famille des longues armes parfois appelées mousquets Brown Bess. Très robuste et maniable, il est resté de 1720 à 1840 l'arme principale de l'infanterie britannique.

BAÏONNETTE À DOUILLE
Cette baïonnette à douille (à droite) fut créée pour accompagner les mousquets Brown Bess. La plupart des armées européennes et américaines utilisaient des baïonnettes à lame triangulaire qui se fixaient à la bouche du canon avec une douille.

Canon de fer *Baguette* *Platine en position de sécurité : le chien est tiré en arrière.*

Pistolet d'arçon
Ce beau modèle de pistolet d'arçon fut créé en Angleterre vers 1720. Les pistolets d'arçon, au canon d'une longueur exceptionnelle, étaient portés par les officiers de cavalerie dans les fontes, étuis placés de part et d'autre de la selle.

Garniture d'argent *Pontet* *Crosse appelée aussi poignée* *Plaque de couche d'argent*

Ce tableau décrit la mort du général Montgomery à Québec, en 1775. Pendant la guerre d'Indépendance, les Américains utilisaient un fusil à silex d'une très grande précision, le fameux Kentucky.

Il fallait aux troupes un entraînement rigoureux pour charger et utiliser correctement le mousquet en pleine bataille, comme le montrent ces illustrations tirées d'un manuel d'exercices publié en 1800.

Poignée de corne *Détente au milieu de la poignée* *Canon de fer* *Garde de cuivre en forme de coquille* *Lame d'épée d'acier*

Épée de chasse
L'épée de chasse avec pistolet incorporé permettait de tenir deux armes d'une seule main.

Carabine à silex
Cette gravure de Thomas Rowlandson (1798) représente une carabine à silex de cavalerie en action. Plus légère que le mousquet et souvent dotée d'un canon plus court, elle était d'utilisation plus commode à cheval.

Baguette

Fourreau
La baïonnette se rangeait dans un fourreau de cuir (ci-dessous) que l'on accrochait à la ceinture au moyen d'un crochet de cuivre.

Garniture de cuivre *Cuir rigide*

LE DUEL APPELLE LA SOPHISTICATION

Armes redoutables, les épées de combat utilisées au Moyen Âge par les chevaliers et les fantassins sont cependant d'une conception relativement simple (pp. 16-17). Au cours du XVIe siècle, leur forme évolue : certaines lames deviennent plus étroites, plus longues et plus aiguës. Ces épées, appelées rapières, sont conçues pour les riches gentilshommes et les aristocrates, qui s'en servent non seulement pour se défendre lors d'attaques fortuites mais également pour se battre en duel, ce qui devient un art baptisé escrime. En même temps qu'une sophistication technique, apparaît une plus grande complexité des gardes, due à la nécessité de protéger les mains des civils dépourvues de gantelets. Les plus grands fabricants d'épées sont originaires de Tolède en Espagne, de Milan en Italie ou de Solingen en Allemagne. On leur doit de véritables chefs-d'œuvre. Vers 1650, les rapières sont remplacées, pour la parade et les duels, par des modèles plus légers et plus courts à la garde simplifiée, appelés petites épées ou épées courtes. Les gentilshommes porteront l'épée courte jusqu'à la fin du XVIIIe siècle. Ensuite, le pistolet les remplaça pour les duels (pp. 46-47).

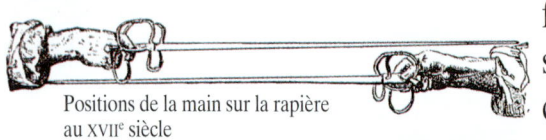

Positions de la main sur la rapière au XVIIe siècle

DUEL À LA RAPIÈRE
Duel à la rapière, dessiné par George Cruikshank (XVIIIe siècle) pour un roman intitulé *La Fille de misère*. La scène se situe à Londres, à Tothill Fields, terrain de rencontre célèbre pendant plusieurs siècles.

Quillon recourbé

RAPIÈRE (vers 1630)
Au début du XVIe siècle, ces armes étaient très populaires. Pourvues de courtes poignées, elles ne peuvent se tenir à pleine main, certaines comportent des gardes séparées pour le pouce et l'index, qui recouvrent une partie de la lame (fin de la reproduction photographique p. 44).

« LES TROIS MOUSQUETAIRES »
L'action de ce roman historique d'Alexandre Dumas se déroule en France de 1625 à 1665. Désireux d'entrer dans la garde de Louis XIII, d'Artagnan se bat en duel avec trois hommes d'épée réputés. Les exploits de d'Artagnan et de ces trois mousquetaires constituent la trame du récit.

Garde formant deux boucles autour de la lame et appelée « pas-d'âne »

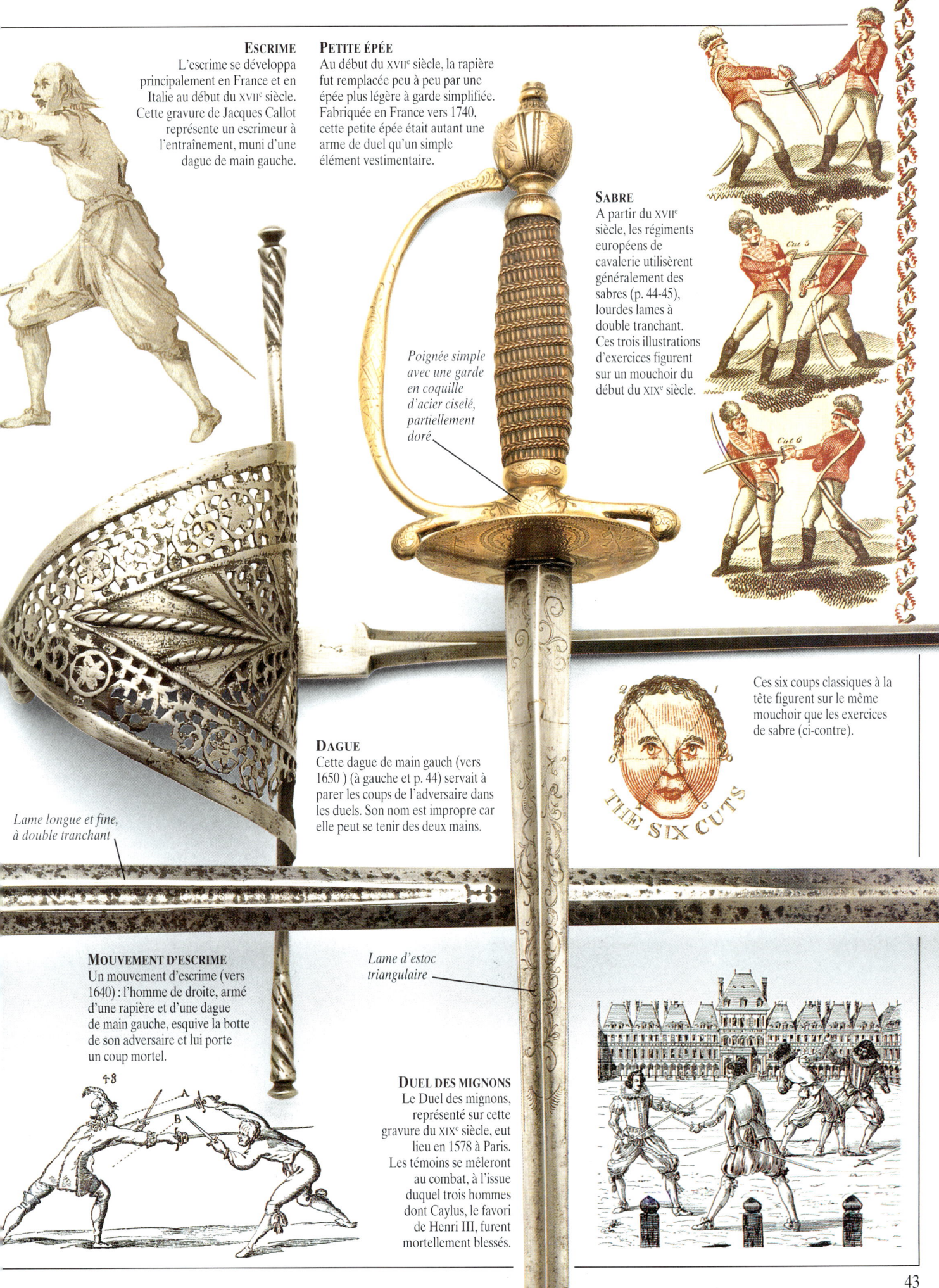

Escrime
L'escrime se développa principalement en France et en Italie au début du XVIIe siècle. Cette gravure de Jacques Callot représente un escrimeur à l'entraînement, muni d'une dague de main gauche.

Petite épée
Au début du XVIIe siècle, la rapière fut remplacée peu à peu par une épée plus légère à garde simplifiée. Fabriquée en France vers 1740, cette petite épée était autant une arme de duel qu'un simple élément vestimentaire.

Poignée simple avec une garde en coquille d'acier ciselé, partiellement doré

Sabre
A partir du XVIIe siècle, les régiments européens de cavalerie utilisèrent généralement des sabres (p. 44-45), lourdes lames à double tranchant. Ces trois illustrations d'exercices figurent sur un mouchoir du début du XIXe siècle.

Lame longue et fine, à double tranchant

Dague
Cette dague de main gauch (vers 1650) (à gauche et p. 44) servait à parer les coups de l'adversaire dans les duels. Son nom est impropre car elle peut se tenir des deux mains.

Ces six coups classiques à la tête figurent sur le même mouchoir que les exercices de sabre (ci-contre).

Lame d'estoc triangulaire

Mouvement d'escrime
Un mouvement d'escrime (vers 1640) : l'homme de droite, armé d'une rapière et d'une dague de main gauche, esquive la botte de son adversaire et lui porte un coup mortel.

Duel des mignons
Le Duel des mignons, représenté sur cette gravure du XIXe siècle, eut lieu en 1578 à Paris. Les témoins se mêleront au combat, à l'issue duquel trois hommes dont Caylus, le favori de Henri III, furent mortellement blessés.

Hussards prussiens
Celui de droite porte un modèle de sabre devenu en Europe l'arme blanche la plus utilisée dans la cavalerie légère, au début du XIXe siècle.

Armurerie parisienne
Dans cette armurerie parisienne vers 1755, un client essaie une nouvelle lame ; près de la fenêtre, des artisans fabriquent des gardes.

Sabre militaire
Ce sabre, utilisé au XVIIe siècle en Europe, dans la cavalerie, permettait de frapper l'adversaire d'estoc et de taille.

Garde, semblable à celle de la rapière (p. 42), pour protéger la main

Lame d'une dague de main gauche vers 1650 (suite de la page précédente)

Lame de rapière vers 1650 (suite de la page précédente)

Bataille de Denain
Sur ce tableau de la bataille de Denain (à gauche) où s'affrontèrent, en 1712, Français et Anglo-Hollandais, le vainqueur français, le maréchal de Villars, brandit sa courte épée afin de rallier ses hommes.

En Angleterre, les sabres ainsi décorés étaient appelés « épées mortuaires », la tête étant censée évoquer l'exécution du roi Charles Ier.

Poignée protégeant entièrement la main

Motif gravé représentant un loup en pleine course

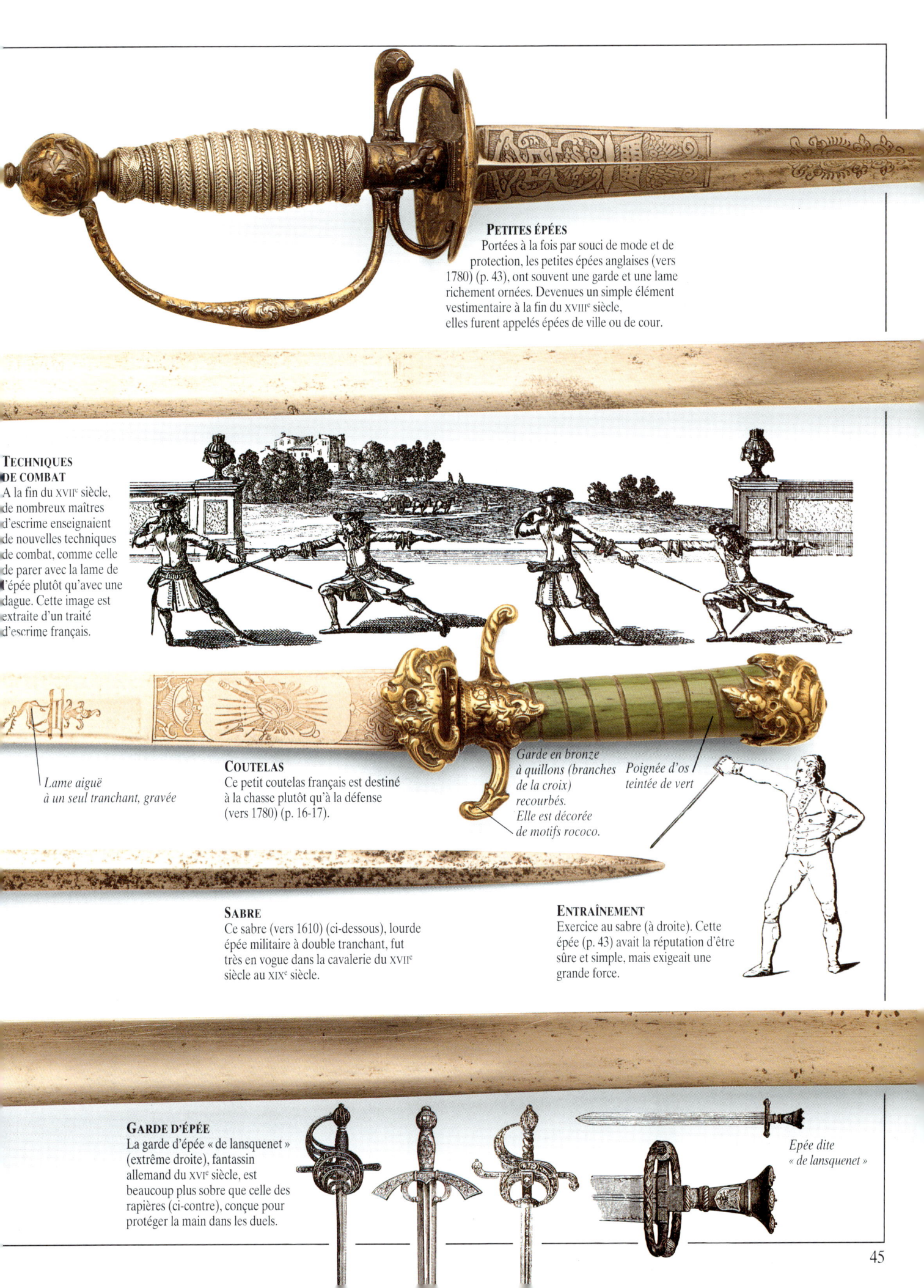

PETITES ÉPÉES
Portées à la fois par souci de mode et de protection, les petites épées anglaises (vers 1780) (p. 43), ont souvent une garde et une lame richement ornées. Devenues un simple élément vestimentaire à la fin du XVIIIe siècle, elles furent appelés épées de ville ou de cour.

TECHNIQUES DE COMBAT
A la fin du XVIIe siècle, de nombreux maîtres d'escrime enseignaient de nouvelles techniques de combat, comme celle de parer avec la lame de l'épée plutôt qu'avec une dague. Cette image est extraite d'un traité d'escrime français.

Lame aiguë à un seul tranchant, gravée

COUTELAS
Ce petit coutelas français est destiné à la chasse plutôt qu'à la défense (vers 1780) (p. 16-17).

Garde en bronze à quillons (branches de la croix) recourbés. Elle est décorée de motifs rococo.

Poignée d'os teintée de vert

SABRE
Ce sabre (vers 1610) (ci-dessous), lourde épée militaire à double tranchant, fut très en vogue dans la cavalerie du XVIIe siècle au XIXe siècle.

ENTRAÎNEMENT
Exercice au sabre (à droite). Cette épée (p. 43) avait la réputation d'être sûre et simple, mais exigeait une grande force.

GARDE D'ÉPÉE
La garde d'épée « de lansquenet » (extrême droite), fantassin allemand du XVIe siècle, est beaucoup plus sobre que celle des rapières (ci-contre), conçue pour protéger la main dans les duels.

Epée dite « de lansquenet »

DES PIÈCES UNIQUES POUR DES COMBATS SINGULIERS

Bien qu'illégal, le duel restera pendant des siècles une pratique en vogue chez les gentilshommes et les officiers pour régler leurs différends. À la fin du XVIIIe siècle, les pistolets à silex, perfectionnés, remplacent les épées (pp. 42-43). Les armuriers fabriquent des pistolets de duel, vendus par paires placées dans des coffrets contenant tous les accessoires nécessaires pour les charger, les nettoyer et pour fabriquer les balles. Ces pistolets, qui exigent la plus grande précision, sont de très bonne qualité et sont dotés de gâchettes et de viseurs spéciaux. Ils se chargeront par la bouche du canon (p. 38-39) et jusque vers 1820-1830 leur platine est à silex.

DUELLISTE FRANÇAIS (1887)
On aperçoit son adversaire à l'extrême gauche. De profil, il offre moins de prise au tir adverse. C'est la fin de l'époque du duel.

Gâchette mue par un ressort

PISTOLETS DE DUEL
Beaucoup de pistolets de duel comportent une gâchette spéciale particulièrement sensible (ci-dessus), mue par un ressort supplémentaire de la platine pour faire feu sans perturber la visée.

La partie antérieure du fût protège le canon et permet au tireur de tenir le pistolet sans se brûler quand il fait feu.

Talon de la crosse

Crosse du fût par laquelle se tient le pistolet

La crosse en bois (à droite) d'un pistolet de duel est conçue pour venir se loger confortablement dans la main. Certaines armes ont une crosse carrée et crantée pour faciliter la prise.

Extrémité de métal servant à pousser la balle dans l'âme

BALLE EN PLOMB
La balle en plomb est fabriquée par le tireur lui-même dans un moule fourni avec le pistolet. Le plomb est fondu au feu et versé dans ce moule. Après quelques secondes, le moule, en forme de ciseaux, est ouvert pour extraire la balle. L'excédent de plomb, ou coulée, est coupé avec les ciseaux intégrés à la poignée du moule.

Balles de plomb

Poudre noire

Pour mieux adhérer au canon, la balle est enveloppée dans un morceau de tissu ou de cuir, le calepin.

ALEXANDRE POUCHKINE
Des hommes célèbres se battirent en duel, comme le duc de Wellington, général et homme d'Etat anglais, ou le politicien français Georges Clemenceau. Le grand écrivain russe Alexandre Pouchkine (ci-dessous) fut la victime d'un duel qui l'opposait à l'amant de sa femme en 1837.

Bec doseur

MOULE À BALLE
Les balles sont fabriquées avec du plomb fondu versé dans la partie creuse du moule (p. 46 et 57).

FLASQUES
La poudre noire se conservait dans des flasques. Faites à l'origine de bois ou de corne (p. 39), au XIXe siècle, la plupart étaient en métal. Avec l'utilisation des cartouches, qui contiennent désormais la poudre, les poires à poudre tombent en désuétude.

BAGUETTE
Une baguette de bois ou de métal (dans un renfoncement sous le canon) sert à pousser la balle et la poudre dans l'âme du canon. Beaucoup de ces baguettes ont des terminaisons spéciales permettant de nettoyer l'âme.

La baguette est tenue par cette extrémité.

CARICATURE
Au moment de la parution de cette caricature à Philadelphie, vers 1821 (à gauche), le duel avait autant de succès en Amérique qu'en France et en Angleterre.

AFFAIRES D'HONNEUR
On appelait les duels « affaires d'honneur ». Un gentilhomme qui s'estimait insulté pouvait provoquer son adversaire en duel. Refuser de se battre était un déshonneur. Ce tableau de George Cruikshank, à l'apogée de l'ère des duels, représente un combat mortel.

Viseur

Bouche

PAIRE DE PISTOLETS
Une paire de pistolets de duel anglais, vers 1800 (ci-dessus et ci-dessous). La platine à pile du pistolet inférieur est montrée à part.

La baguette servant à enfoncer les balles se range dans ce renfoncement.

CANON
Les pistolets de duel se chargent par la bouche (p. 38-39). L'extérieur du canon, généralement de forme octogonale, est pourvu de viseurs.

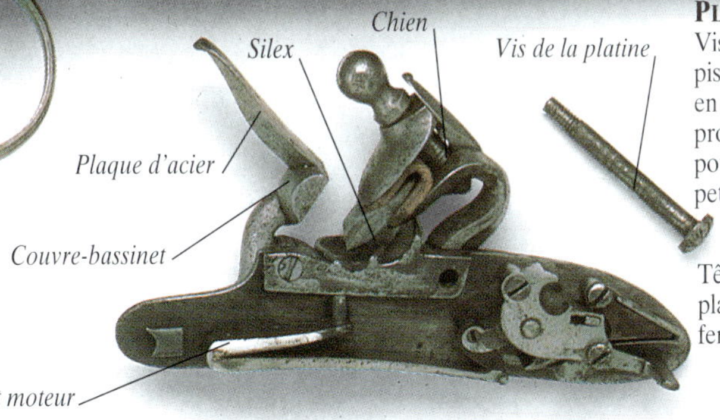

Silex
Chien
Vis de la platine
Plaque d'acier
Couvre-bassinet
Tête plate fendue
Ressort moteur

PLATINE
Vissée au flanc du fût, la platine (à gauche) est le mécanisme de mise à feu du pistolet. Une pression sur la détente de la platine à silex fait basculer le chien en avant, produisant des étincelles par le frottement du silex contre l'acier et provoquant l'ouverture du couvre-bassinet. Les étincelles tombent dans la poudre d'amorce, qui s'enflamme avec un éclair. L'éclair traverse la lumière, petit trou du canon, et fait partir la poudre de charge.

RÈGLES
Lors d'un duel au pistolet, les combattants doivent respecter tous deux des règles strictes, établies par les duellistes et leurs témoins – des amis qui chargent les pistolets et assistent au duel. En général, les deux adversaires se tiennent éloignés l'un de l'autre d'un certain nombre de pas, leur pistolet pointé vers le sol. Au signal donné, lorsque l'un des témoins lâche un mouchoir, par exemple, les duellistes lèvent leur pistolet et font feu.

COMMENT NETTOYER LA PLATINE À SILEX
1- Extraire du canon les balles et la poudre restantes à l'aide du bâton de nettoyage, fixé à la baguette servant à enfoncer les projectiles.
2- Nettoyer et huiler le canon vide avec un tissu attaché à l'une des deux baguettes.
3- Enlever la poudre brûlée dans le bassinet et autour.
4- Huiler la platine et remplacer le silex émoussé.

Cette brosse sert à nettoyer le bassinet.

La platine est démontée à l'aide de ce tournevis.

Burette destinée à huiler platine et canon

Scène de duel en France (1893), sans effusion de sang

On utilise du cuir pour fixer le silex dans les mâchoires du chien.

AGRESSEURS ET AGRESSÉS SE RETROUVENT

À l'époque où l'usage des armes à feu n'est pas réglementé par les lois, beaucoup d'entre elles sont conçues ou adaptées pour la défense des particuliers contre les bandits armés. Un gentilhomme peut s'armer d'une paire de pistolets d'arçon s'il est à cheval, ou glisser un petit pistolet dans la poche de son manteau s'il est en diligence. Il peut encore s'armer d'un tromblon comme le postillon. Cette arme se prête au combat rapproché et sert à défendre les voyageurs. D'abord sa large bouche contribue à intimider l'ennemi. Et, si cela ne suffit pas, comme elle est chargée de nombreuses balles de plomb, un tireur nerveux a plus de chances d'atteindre sa cible. Inévitablement, de telles armes s'adaptent aussi fort bien aux besoins des voleurs.

Platine à silex

Voyageur tenu en respect par trois bandits de grand chemin armés de pistolets de poche, d'après un dessin de Thomas Rowlandson, de 1813.

TROMBLONS
Les tromblons tiraient un grand nombre de petites balles à faible portée. Ce modèle de la fin du XVIIIe siècle est équipé d'une baïonnette à ressort : quand on relâche le cran de sécurité, celle-ci est projetée en avant et verrouillée en place.

Platine à silex « à coffre »

Les deux canons sont côte à côte.

PISTOLET À GOUSSET
Le tir de ce type d'armes était commandé par une même platine en forme de boîte ; un coulisseau en fer permettait de choisir le canon. Ce pistolet de gousset à double canon a été fabriqué à Londres vers 1785.

Plaque de couche d'argent

48

Baïonnette à ressort partiellement ouverte

Ressort de la baïonnette et verrou

Canon de cuivre

Baguette pour enfoncer les balles dans le canon

DICK TURPIN
Vers 1730, Dick Turpin (à gauche), bandit légendaire, était l'homme le plus recherché de toute l'Angleterre. Cette gravure fantaisiste le montre tirant avec deux pistolets à la fois dans des directions opposées et sautant une barrière sur son fameux cheval Black Bess.

TRICORNE
Au XVIIIe siècle, les voleurs de grand chemin dignes de ce nom portaient un tricorne, chapeau aux bords rabattus en trois cornes.

ROBERT MACAIRE
Au cours du XVIIIe siècle, de célèbres bandits de grand chemin devinrent rapidement des héros populaires. Ici le fameux Robert Macaire, incarné par un acteur, M. Hicks.

PISTOLET D'ARÇON
La plaque de couche (semelle de la crosse) de ce pistolet d'arçon du début du XVIIIe siècle permettait de retourner l'arme et de l'utiliser comme une massue une fois l'unique balle tirée.

Garnitures de cuivre

Plaque de couche

En 1750, deux voleurs de grand chemin détroussèrent lord Eglinton, qui voyageait en chaise de poste dans la région de Londres. A cette occasion, le tromblon que l'on voit entre ses mains se révéla inutile.

49

L'INSOLITE PEUT ÊTRE FATAL

De tout temps, parallèlement aux armes conventionnelles, comme les épées, les hommes ont fabriqué des armes singulières et peu pratiques en apparence. Et pourtant, les armes insolites employées dans certaines régions du monde sont aussi ingénieuses que celles plus sophistiquées et conventionnelles conçues pour les armées, aussi meurtrières que les curieux pistolets combinés réalisés par les armuriers pour de riches clients.

STYLET
Les marques gravées sur la lame de ce grand stylet de canonnier italien du XVIIIe siècle sont des graduations qui permettaient aux commandants d'artillerie de calculer le calibre des canons.

Lame gravée

Ancien moyen de défense, les chausse-trapes ou pattes de corbeaux (à gauche) étaient constituées de quatre pointes de fer au minimum. On les jetait sous les sabots des chevaux ou sous les pieds des fantassins.

Lame recourbée à un seul tranchant

PIÈCE D'ARMURE
Au XVIIe et au XVIIIe siècle, la seule pièce d'armure encore en usage dans les infanteries européennes et américaines était le gorgerin. Cette plaque de métal destinée à l'origine à protéger le cou (p. 26) était davantage portée par les officiers comme une marque de leur rang que comme une protection. De nos jours, les gorgerins continuent d'être utilisés dans certains pays, comme arme de parade. Le modèle ci-dessous, datant de 1800 environ, appartenait à un officier de la marine britannique.

Détente

Quand le bouchon du canon est enlevé, l'arme fait feu.

Canon dissimulé dans la poignée de cuivre du couteau et de la fourchette

PISTOLETS COUVERTS
Parmi les armes à silex les moins pratiques, se trouvait sans doute cette paire de couteau et fourchette, fabriquée en Allemagne vers 1740.

COUTEAU GURKHA
Le *kukri* est le couteau national, ainsi que l'arme principale des Gurkhas du Népal (à droite). Utilisé comme machette dans la jungle, pour sa lame recourbée, il est aussi une arme de combat meurtrière.

MASSE D'ARMES
Cette masse d'armes entièrement en acier (à droite) fut fabriquée en Inde au XIXe siècle. Son propriétaire pouvait l'utiliser pour s'appuyer, au moment de s'asseoir, mais aussi pour assommer en un clin d'œil, avec la « main » de métal, un assaillant éventuel.

50

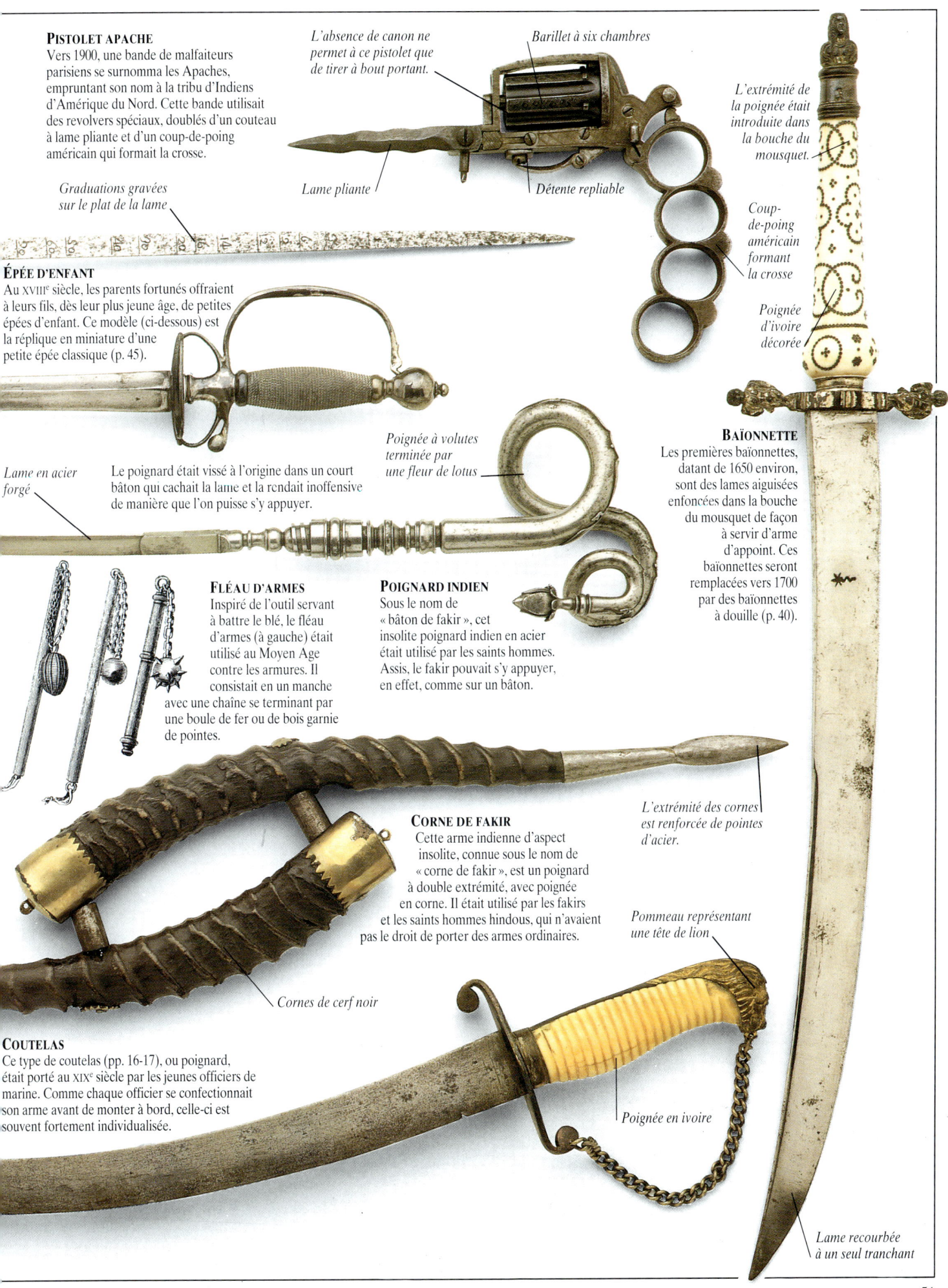

Pistolet apache
Vers 1900, une bande de malfaiteurs parisiens se surnomma les Apaches, empruntant son nom à la tribu d'Indiens d'Amérique du Nord. Cette bande utilisait des revolvers spéciaux, doublés d'un couteau à lame pliante et d'un coup-de-poing américain qui formait la crosse.

Graduations gravées sur le plat de la lame

L'absence de canon ne permet à ce pistolet que de tirer à bout portant.

Barillet à six chambres

Lame pliante

Détente repliable

L'extrémité de la poignée était introduite dans la bouche du mousquet.

Coup-de-poing américain formant la crosse

Poignée d'ivoire décorée

Épée d'enfant
Au XVIIIe siècle, les parents fortunés offraient à leurs fils, dès leur plus jeune âge, de petites épées d'enfant. Ce modèle (ci-dessous) est la réplique en miniature d'une petite épée classique (p. 45).

Lame en acier forgé

Le poignard était vissé à l'origine dans un court bâton qui cachait la lame et la rendait inoffensive de manière que l'on puisse s'y appuyer.

Poignée à volutes terminée par une fleur de lotus

Baïonnette
Les premières baïonnettes, datant de 1650 environ, sont des lames aiguisées enfoncées dans la bouche du mousquet de façon à servir d'arme d'appoint. Ces baïonnettes seront remplacées vers 1700 par des baïonnettes à douille (p. 40).

Fléau d'armes
Inspiré de l'outil servant à battre le blé, le fléau d'armes (à gauche) était utilisé au Moyen Age contre les armures. Il consistait en un manche avec une chaîne se terminant par une boule de fer ou de bois garnie de pointes.

Poignard indien
Sous le nom de « bâton de fakir », cet insolite poignard indien en acier était utilisé par les saints hommes. Assis, le fakir pouvait s'y appuyer, en effet, comme sur un bâton.

L'extrémité des cornes est renforcée de pointes d'acier.

Corne de fakir
Cette arme indienne d'aspect insolite, connue sous le nom de « corne de fakir », est un poignard à double extrémité, avec poignée en corne. Il était utilisé par les fakirs et les saints hommes hindous, qui n'avaient pas le droit de porter des armes ordinaires.

Cornes de cerf noir

Pommeau représentant une tête de lion

Coutelas
Ce type de coutelas (pp. 16-17), ou poignard, était porté au XIXe siècle par les jeunes officiers de marine. Comme chaque officier se confectionnait son arme avant de monter à bord, celle-ci est souvent fortement individualisée.

Poignée en ivoire

Lame recourbée à un seul tranchant

51

LES MOUSQUETS L'EMPORTENT SUR LA GRENADE

À l'époque où Napoléon Bonaparte conquiert la majeure partie de l'Europe, les armes à feu à silex – mousquets, carabines et pistolets – (pp. 40-41) deviennent l'équipement principal des armées en Europe et en Amérique du Nord. On utilise des armes spécialisées comme les lance-grenades pour faire tomber les ouvrages de défense, les portes et les barricades.

À l'origine, l'usage des grenades est réservé à des hommes spécialement entraînés appelés grenadiers. Mais au XIXe siècle, la plupart sont en fait de simples fantassins utilisant le mousquet à silex plutôt que la grenade. Au cour des guerres napoléoniennes, les mousquets se révèlent si redoutables qu'ils réduisent souvent à néant l'efficacité des troupes qui en sont restées aux épées et aux lances.

Malgré son titre, ce grenadier français, soldat d'infanterie légère, avait pour arme principale un mousquet à silex.

Etui porte-mèches en cuivre

Brosse servant à enlever les excédents de poudre

GIBERNE
Cette giberne de grenadier anglais du XVIIIe siècle est décorée d'un grenadier unijambiste. Les grenadiers portaient à cette époque des bonnets pointus spécialement conçus pour ne pas gêner le lancer.

Giberne en velours

Grenade

Giberne à grenade

Enveloppe de fer

Cavité pour la poudre

Mèche ou fusée

Ancienne grenade à main

Mèche allumée

Grenade amorcée

Bande en peau de buffle

Ce lance-grenades britannique de la fin du XVIIIe siècle pèse 5 kg.

52

Grenade
Un soldat allume une grenade (ci-contre à gauche). A la fin du XVIIe siècle, de petites bombes connues sous le nom de grenades à main étaient couramment utilisées en Europe dans les batailles. Les premières grenades étaient des boulets creux en fer remplis de poudre noire et traversés par une courte mèche (ci-dessous, à gauche).

Une arme redoutable
Cette arme, conçue pour accroître la portée des grenades, apparut au XVIe siècle. La moindre erreur dans l'allumage de la mèche de la grenade pouvait blesser mortellement le grenadier et ses voisins.

Waterloo
A la bataille de Waterloo, en 1815, une série d'affrontements classiques opposa la cavalerie française et les carrés de l'infanterie britannique. Tandis qu'une ligne tirait une salve, l'autre rechargeait. Dans cette bataille, l'incapacité de la cavalerie française à traverser ces lignes lui fut fatale.

Fleur de lis

Platine à silex

Sabre royal
Ce sabre français de la fin du XVIIIe siècle, à garde en cuivre décorée d'une fleur de lys, est l'emblème de la royauté française. Cette arme avait une lame droite à un seul tranchant.

Garde en coquille protégeant entièrement la main

Sur la lame est gravée l'inscription suivante : Pro Deo, Fide et Patria *(Pour Dieu, la Foi et la Patrie).*

Un portrait de Napoléon en 1812

Sabre napoléonien
Ce sabre à garde en cuivre doré et à lame légèrement incurvée était utilisé par les cuirassiers, unités de cavalerie lourde dans les armées de Napoléon.

Shako d'officier
Au début du XIXe siècle, ces shakos, coiffures rigides à visière, étaient portés par les officiers dans bon nombre d'armées.

QUAND LES ARMES FONT RÉGNER L'ORDRE

D'un pays à l'autre, le mot police désigne divers types de forces : civile ou militaire, portant ou non l'uniforme. Matraques, crécelles et autres accessoires sont autant d'armes destinées à combattre le crime et à maintenir l'ordre. Bien que toutes soient en usage au XIXe siècle, elles suffisent à peine, semble-t-il, à endiguer la violence de l'agitation sociale et de la criminalité des premières années du siècle. De fait, les forces de l'ordre disposent d'armes plus puissantes : à la fin du XIXe siècle, la police de Berlin s'arme d'épées, de pistolets et de coups-de-poing américains en cuivre. Celle des grandes villes américaines, comme New York et Boston, fait usage des armes à feu pour la première fois vers les années 1850. Cependant, dans la plupart des villes d'Europe et des États-Unis, le respect croissant dont jouissent les agents de police civile est en partie dû au fait qu'ils sont très peu armés.

POLICIER
A la fin du XIXe siècle, à Londres, les policiers patrouillaient la nuit, armés seulement d'une matraque et d'une lampe.

ÉPÉE DE POLICE
Au XIXe siècle, les forces de police et les gardiens de prison étaient armés de courtes épées. Toutefois, en Grande-Bretagne, on n'avait pas coutume de les utiliser, mais de les conserver dans les commissariats et les prisons, en cas d'émeutes ou autres situations d'urgence.

Poignée de cuir avec ferrures de bronze

Pommeau et garde de cuivre

CRÉCELLE DE POLICE
Des poids de plomb, fixés sur le moulinet (ci-dessus), en faisaient une arme efficace et lui donnaient un impact supplémentaire lorsqu'elle tournoyait. Les crécelles munies de claquets produisaient un bruit particulièrement strident.

Une boucle attache le col sur la nuque.

COL EN CUIR
Dans les premiers temps, certains agents de police portaient des cols en cuir, pour éviter d'être garrottés ou étranglés avec une corde. Ces cols étaient à la fois étouffants et inconfortables.

Revêtement en étain

Verre grossissant

Le col fait 10 cm de large.

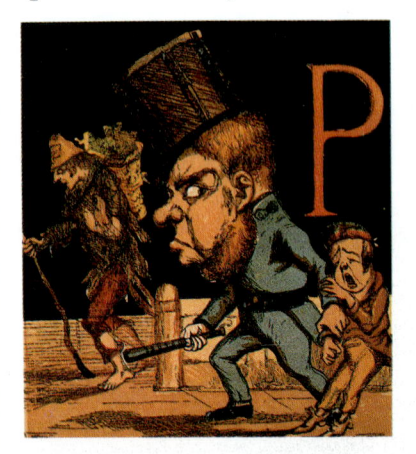

LANTERNE SOURDE
Utilisée au XIXe siècle par la police britannique, la « lanterne sourde » s'accrochait à la ceinture de l'agent, sous son grand manteau.

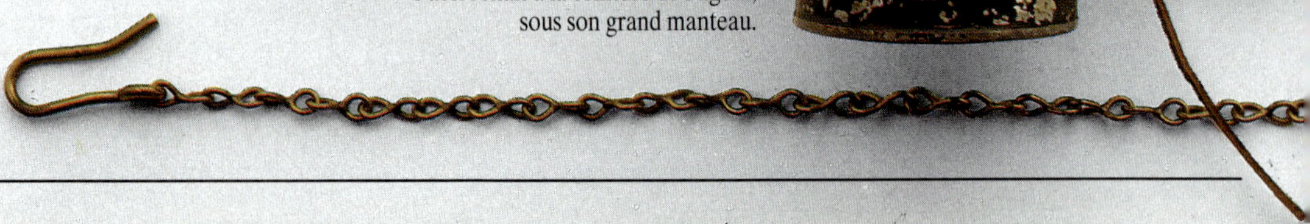

PRENDS GARDE !
On avait l'habitude au XIXe siècle d'utiliser les agents de police pour effrayer les petits enfants et les forcer à bien se conduire, comme en témoigne cette image tirée d'un livre pour enfants de 1867.

SIFFLET
De nombreuses forces de police adoptèrent le sifflet au cours du XIXe siècle, après avoir découvert que sa portée était bien supérieure au son de la crécelle, comme ce modèle britannique de 1884.

Crosse

Fût en platine

Canon

FUSIL À SILEX
Les criminels ont souvent modifié des armes de façon à les adapter à certains types de délits. Ainsi ce fusil à silex du XVIIIe siècle, qui se chargeait par la bouche, a-t-il été scindé en trois parties, afin de pouvoir être dissimulé sous les vêtements d'un braconnier.

MATRAQUE
Ces courts bâtons de bois sont aux mains des policiers britanniques depuis les années 1820. Cette matraque de 1839 (ci-dessous) appartenait à un sergent de ville de Londres.

Lame incurvée à un seul tranchant rangée dans son fourreau de cuir

MENOTTES
Remplaçant les chaînes des premiers temps, les menottes étaient un élément essentiel de l'équipement de l'agent de police du XIXe siècle.

Manche d'argent surmonté d'une couronne

Armoiries de la ville de Londres

BAGUETTE
La baguette est une matraque de cérémonie. Elle était employée uniquement comme symbole d'autorité. Celle-ci (à droite) a appartenu à un sergent de ville de Londres, vers 1820.

SERGENT DE VILLE
En France, les sergents de ville (à droite) portaient des uniformes bleus et des bicornes. Comme la plupart des policiers, leur armement habituel consistait en une courte épée.

LES PREMIERS POLICIERS
C'est en 1829 que sir Robert Peel créa à Londres une force de police moderne. Ces premiers policiers, appelés *peelers* ou *bobbies* (ci-dessous), n'inspiraient pas confiance à la population et étaient souvent ridiculisés par les caricaturistes.

Cette menotte unique de petite taille servait seulement aux courts trajets des prisonniers.

La poignée tourne pour verrouiller la menotte.

MENOTTES DE PRISONNIER
Elles servaient aux déplacements des condamnés à l'intérieur des prisons.

Clef restant en permanence sur la serrure

Poignée en bois d'ébène

55

LA PERCUSSION TIENT LE COUP

Au début du XIXe siècle, l'invention du système à percussion marque une étape décisive dans l'histoire des armes à feu. Il offre l'avantage d'une mise à feu instantanée et d'une bien meilleure résistance à l'humidité. Sous sa forme la plus simple, il consiste en une capsule remplie d'un mélange détonant et placée sur un tube d'acier. Frappée par le percuteur, celle-ci explose, propageant dans le tube un jet de flammes qui vient embraser la charge de poudre. Les armes à percussion se chargent par la bouche du canon (p. 38-39), la capsule étant séparée de la poudre et de la balle. Par la suite, cette dernière sera incorporée à la base de la cartouche de métal qui contient la balle et la poudre. L'étui métallique autorise l'adoption de gaz explosifs, ce qui permet désormais la fabrication d'armes se chargeant par la culasse, plus efficaces. Elles sont encore en usage de nos jours dans le monde entier.

SHERLOCK HOLMES
Incarné par un acteur de théâtre, voici Sherlock Holmes, le plus célèbre détective de la littérature, tenant un pistolet à percussion encore fumant.

REVOLVER À PERCUSSION
Le revolver à percussion, fabriqué vers 1855 par l'armurier anglais William Tranter, peut se tenir d'une seule main. C'est une arme à double détente : une pression sur la détente inférieure fait tourner le barillet et arme le chien ; une pression sur la détente supérieure fait partir le coup.

Cylindre tournant à cinq coups

Percuteur ou chien

Bouton ouvrant l'arme en son milieu

Détente supérieure

Détente inférieure

TRANTER
Pendant la révolte des Cipayes de 1857 en Inde, les officiers britanniques, pour tirer rapidement, se servaient de pistolets à chargement automatique, comme le Tranter.

CARTOUCHIÈRE
Un sachet de papier contenant la poudre est attaché à la balle et enfermé dans une enveloppe de cuivre. Pour charger le revolver, on ôte l'enveloppe, et la cartouche est introduite à l'avant du barillet. C'est pour cette raison que les revolvers étaient munis d'une baguette détachable.

FUSIL DE CHASSE
Ce dessin d'un fusil de chasse à percussion (ci-dessous) date de 1850 environ. Le système de percussion a accru considérablement les chances des chasseurs de toucher des oiseaux au vol rapide.

REVOLVER
Le revolver Le Mat (à droite) fut inventé par un Français résidant aux Etats-Unis. Le barillet de ce lourd pistolet tourne autour d'un canon central de fusil de chasse.

Percuteur ou chien

Double canon

DERINGER DE SHARPS
C'est un modèle perfectionné par rapport à l'original (un simple pistolet à percussion qui se chargeait par la bouche). Ce revolver comporte quatre canons qui tirent des cartouches de petit calibre.

DERINGER REMINGTON
Ce pistolet de poche est dérivé du premier Deringer. Ce Remington à deux coups tire des cartouches métalliques.

Détente encastrée

En Inde, les fûts sont ornés d'incrustations d'or dites koftgari.

Guidon

CHEMINÉE
La cheminée (ci-dessous à droite) est l'élément principal d'une arme à percussion. Elle se visse à l'intérieur du revolver et fait le lien entre la capsule détonante et le combustible. Pour la nettoyer, on la démonte à l'aide d'une clef (ci-contre).

Clef

Cheminée d'une arme à percussion

Capsule de percussion en cuivre

MOULE
Ce moule à balles (p. 46) a deux cavités, l'une pour couler des balles sphériques, l'autre, des balles à base aplatie.

Une balle de plomb, à base aplatie, graissée et munie d'un tampon

CARTOUCHES
Si les cartouches manquaient, un revolver à percussion comme le Tranter pouvait se charger avec de la poudre, contenue dans une poire, et une balle isolée.

La poire à poudre en métal tomba en désuétude à l'apparition des cartouches toutes prêtes.

Bec doseur ajustable

Culot de cartouche en cuivre provenant de l'une des cartouches représentées ci-contre à gauche.

Poudre noire

57

PISTOLETS ET REVOLVERS S'AFFRONTENT

Le pistolet, arme à feu à canon court conçue pour être tenue d'une seule main, à l'avantage d'être pratique à porter ; toutefois, il faut un long entraînement pour tirer avec précision. Le XIXe siècle voit apparaître une grande variété de pistolets, destinés aussi bien aux militaires qu'aux civils. Certains ne peuvent tirer plus d'un coup, mais d'autres modèles – appelés revolvers – tirent plusieurs fois avant qu'on ait besoin de les recharger.

BARILLET
Voici le barillet ouvert d'un colt, tel qu'il se présente au moment où les cartouches vides sont éjectées, avant la recharge.

Cercle de cuivre maintenant le canon au fût

PISTOLET DU CAUCASE
Ce pistolet comporte une platine miquelet, utilisée principalement en Espagne et au Moyen-Orient. Les Cosaques employaient des armes similaires au XVIIIe et au XIXe siècle.

PISTOLET DE PAUME
Ce revolver inhabituel (ci-dessous), connu sous le nom de pistolet de paume ou presse-citron, se dissimulait presque au creux de la main et une simple pression des doigts suffisait pour tirer (comme le montre le dessin). Il fut utilisé pour l'assassinat du président des Etats-Unis William McKinley en 1901.

BUNT LINE SPECIAL
Cette version à long canon (ci-dessus) du Colt Peacemaker (p. 61) fut rendue célèbre par Ned Buntline, écrivain américain du XIXe siècle, auteur de plus de 400 romans d'aventures.

Percuteur

REVOLVER DE TRANSITION
Intermédiaire entre la poivrière et le véritable revolver, cette arme bon marché était populaire dans les années 1850.

Barillet à 7 chambres

Canon

Percuteur

La détente fait tourner le canon et partir le coup.

Six canons, dont les bouches évoquent une poivrière

POIVRIÈRE
La poivrière, l'un des premiers modèles de revolvers, comporte un bloc de canons, dont les bouches évoquent les trous d'une poivrière. Malgré son manque de précision, elle connut une certaine popularité entre 1830 et 1860.

Moule à balles de pistolet combiné

Lame de poignard repliable

Canon du pistolet

PISTOLET COMBINÉ
Le revolver combiné doublé d'un poignard était en faveur entre 1840 et 1850 (voir le pistolet apache p. 51). Ce modèle compte deux lames de couteau et une baguette pour forcer les balles. De plus, la crosse comporte une cavité pour les munitions.

Lame de canif repliable

Détente rabattable

Cavité dans la crosse pour les munitions et le moule à balles

Ornements de cuivre

Spécial 12 à canon de 305 mm

Baguette

PISTOLET DE MANCHON
Ce pistolet de poche ou de manchon à percussion, de 1850 environ, se glissait, comme son nom l'indique, dans la poche d'un homme ou le manchon d'une femme. La détente se rabat dans la crosse de l'arme, lorsque celle-ci ne sert pas.

Cartouche de calibre 36 pour le revolver de police de Colt

REVOLVER DE POLICE
Parmi les nombreux types de pistolets produits par Colt à partir de 1830, on trouve le revolver de police (ci-dessus), modèle 1862 à cinq coups.

Un cordon était fixé à cet anneau pour attacher le pistolet autour du cou ou de l'épaule.

Baguette servant à éjecter les cartouches vides

Le percuteur du pistolet vient frapper une broche de cuivre, qui déclenche un détonateur dans la cartouche.

REVOLVER À BROCHE
Ce revolver français de 1855 environ est une arme à broche. Elle fut parmi les premières à utiliser une cartouche constituée d'un étui en cuivre contenant à la fois la balle, la poudre et la capsule de l'amorce. La cartouche se charge rapidement par la cuirasse, et son étui atténue le choc de la détonation dans la main du tireur.

PISTOLET DE POCHE
Ce pistolet anglais, datant de 1820, est muni d'un double canon. Si chacun des canons superposés est doté de sa propre platine à silex, un ingénieux mécanisme permet à une seule détente de commander le tir.

59

L'OUEST SE GAGNE A LA POINTE DES FUSILS

Au XIXe siècle, l'expansion américaine vers l'Ouest coïncide avec une période de développement rapide des armes à feu. Elles servent aussi bien aux pionniers et aux cow-boys qu'à l'armée américaine, aux Indiens et aux hors-la-loi. Les plus populaires sont les revolvers, comme celui de Samuel Colt, et les fusils à répétition, telles les Winchesters, assez légers pour être utilisés à cheval et beaucoup plus précis que les revolvers pour tirer à distance.

Buffalo Bill tenant une Winchester 73, aux côtés du chef sioux Sitting Bull

Plaque de couche en fer (semelle de la crosse)

Levier fixé au pontet de détente, et poussé en avant et en arrière entre chaque coup

Fût en noyer

CEINTURON
Ce ceinturon avec étui de revolver, très répandu au XIXe siècle, est identique à celui de l'officier de la cavalerie américaine en tenue de campagne, dessiné par Frederic Remington (au milieu et page suivante en haut et en bas). Remarquez les cartouches dans les trous du ceinturon.

Percuteur

Ce croquis de deux hommes qui échangent des coups de feu à la porte d'un saloon a été réalisé pour un magazine en 1888 par l'artiste américain Frederic Remington.

WINCHESTER 73
Voici la légendaire Winchester 73 (ci-dessous), à répétition, souvent appelée « le fusil de la conquête de l'Ouest ». Les cartouches, introduites dans un chargeur sur le côté du fusil, viennent se ranger dans un magasin sous le canon. Entre chaque coup, un levier éjecte la cartouche vide et en prend une nouvelle dans le magasin, la chargeant dans la culasse.

Hausse

Canon d'acier

Porte de chargement

CARTOUCHE 44-40
Nombre de fusils Winchester et de revolvers Colt recevaient ce modèle de cartouche 44-40 (à gauche), très répandu, si bien qu'une seule sorte de munitions suffisait à leurs utilisateurs. Son calibre est de 44 pouces et le chiffre 40 fait référence aux 40 grains de poudre qu'elle contient.

Magasin tubulaire en acier fixé sous le canon (à l'intérieur de l'extrémité en bois)

Percuteur

Barillet

Tube éjecteur

Longueur de canon de 7,5 pouces (190 mm)

Chargeur

Platine à simple action

Le « Colt de l'Armée à simple action » est souvent appelé *Peacemaker* ou « revolver de la Frontière ». Ce modèle « Cavalerie » a le canon le plus long : 7,5 pouces (190 mm).

Cette image (à droite) illustre le mode d'ouverture du revolver Smith & Wesson qui éjecte automatiquement les cartouches vides.

Ejecteur

VISEUR
Un viseur a remplacé le guidon (petite saillie qui donnait la ligne de mire) de revolver d'ordonnance pour les tireurs d'élite.

Détente

PISTOLET À PERCUSSION
Les armes de poche ont connu un grand succès depuis les pistolets à percussion de Henry Deringer (p. 57), et un joueur pouvait facilement glisser dans sa poche ce petit Colt de calibre 41 pour se défendre en cas de nécessité.

Poignées en ébonite (ancêtre du plastique)

Arme à un coup

Ce tableau de Charles Russel (ci-dessous) illustre le rôle important joué dans l'Ouest par les Colts au cours des rixes.

Détente incorporée

Fût d'ivoire

Les armes utilisées au XIXe siècle par les cow-boys, les Indiens, les soldats frontaliers, sont fidèlement reproduites dans les dessins de l'artiste américain Frederic Remington.

61

Masque porté par les Indiens au cours des cérémonies religieuses

LES INDIENS NE RENIENT PAS LA TRADITION

Appelées à tort « Indios » par Christophe Colomb, les peuplades natives d'Amérique du Nord ont compté jusqu'à deux millions d'individus. Toutefois, entre 1492 et 1900, au fur et à mesure que les colons européens imposent leur mode de vie dans les bois et les prairies, les tribus indiennes sont décimées. Ce sont celles des Grandes Plaines et du Sud-Ouest qui, après une première période de relations commerciales et pacifiques, combattent le plus ardemment l'homme blanc, au début du XIXe siècle, pour l'empêcher de s'emparer de leurs terres. Les Indiens des Plaines occupent les régions du Centre, où les plus nomades d'entre eux chassent les grands troupeaux de bisons qui transhument à travers les prairies. D'autres tribus comme les Apaches, farouches guerriers du Sud-Ouest, mènent une vie plus sédentaire. Avant de se procurer des fusils européens, toutes ces tribus utilisent pratiquement les mêmes armes : arcs et flèches (p. 9), couteaux (p. 22-23), massues, tomahawks.

HIAWATHA
Cet Indien objibwa, Hiawatha, fut le héros d'un long poème narratif écrit en 1855 par Henry Longfellow ; devenu le guide de son peuple, il lui enseigne la paix avec l'homme blanc.

Lame de pierre très effilée

COUTEAU
Couteau, à lame de pierre, fabriqué en 1900 par un Indien hupa de Californie. Déjà à cette époque, les couteaux à lame d'acier étaient devenus d'usage courant.

Décoration de plumes

Bande de tissu avec ligatures en peau de daim

Carquois en peau de daim

Arc de frêne

ARC DE GUERRE
Avant de commencer à s'équiper d'armes à feu, dans les années 1850-1860, les Indiens des Plaines utilisaient surtout des arcs, qui leur servaient à la fois pour chasser et faire la guerre. Celui-ci, en frêne, appartenait à un guerrier omaha.

Encoche ou rainure, à laquelle, on attachait la corde de l'arc.

CARQUOIS
Pour en faciliter le transport à cheval, les Indiens des Plaines rangeaient leur arc et leurs flèches dans un étui doublé d'un carquois. Les accessoires étaient généralement en peau de daim ou de cerf.

Etui d'arc

62

CHASSE AU BISON
Ce tableau de George Catlin, qui passa six ans parmi les Indiens des Plaines et fit connaître leur mode de vie dans les premières années du XIXe siècle, représente des Indiens occupés à leur principale activité.

PIPE-TOMAHAWK
Cette pipe-tomahawk (vers 1890) fut sans doute fabriquée par le grand chef apache Géronimo pendant son exil en Floride.

Fer de tomahawk

COIFFURE DE PLUMES
La coiffure de plumes d'aigle qu'arbore Plume de fer (à gauche), un chef indien des Plaines, sur cette photographie de 1907, était réservée aux fêtes et aux cérémonies.

La corde d'arc est faite de deux tendons de bison tressés ensemble.

FLÈCHES
Les Indiens utilisaient des pointes de flèches en os de bison. Dans d'autres régions, elles étaient en pierre.

Pennes

Fûts de bois souvent décorés de peintures symboliques

Fourneau de pipe de fer

Poignée en peau de daim

Un Indien armé d'une massue fait face (ci-dessus) à un adversaire qui brandit un tomahawk.

Fourneau de pipe de fer

La gravure de ce fer de hache (vers 1800) représente un Indien menaçant un Européen.

Poignée creuse

TOMAHAWK
Avant que les marchands européens ne fournissent du fer aux Indiens, la tête des tomahawks était en pierre. Ce tomahawk, à fourneau de pipe et fer de hache combinés, était en général fabriqué par les Européens pour les besoins de leur commerce avec les Indiens.

63

LE SAVIEZ-VOUS ?

DES INFORMATIONS ÉTONNANTES

Bien que les illustrations modernes représentent souvent les Vikings armés d'épées, celles-ci étaient rares à leur époque. Le guerrier ordinaire se servait le plus souvent d'une longue pique tandis que les combattants professionnels et les chefs de clan se battaient habituellement avec des haches d'armes.

Point de fixation du manche en bois
Tête de hache viking

Les guerriers mongols d'Asie centrale étaient des cavaliers hors pair qui pouvaient parcourir jusqu'à 100 km par jour et atteindre une cible en plein galop avec un arc et une flèche.

Les archers mongols utilisaient des flèches sifflantes pour transmettre des signaux, d'autres qui pouvaient transpercer les armures, d'autres encore dont la pointe était enflammée.

Au cours de l'un des plus grands tournois médiévaux jamais organisés, à Lagny-sur-Marne, en France, en 1180, plus de 3 000 chevaliers armés s'affrontèrent dans des combats où tous les coups étaient permis.

Il existait de nombreuses sortes de joutes nautiques. Dans l'une d'elles, deux équipes de rameurs propulsaient leurs bateaux l'un contre l'autre tandis que, à la proue de chaque bateau, un chevalier armé d'une lance essayait de déséquilibrer son adversaire pour le faire tomber dans l'eau.

Grâce à sa portée, à sa précision et à sa puissance meurtrière, le grand arc de guerre anglais fut l'une des armes les plus efficaces du Moyen Age : les Anglais, en nombre très inférieur, purent ainsi vaincre l'armée française en 1415 à Azincourt.

En 1982, 138 grands arcs de guerre en bon état de conservation furent découverts lors de fouilles sur un bateau naufragé, le *Mary Rose*, et les historiens démontrèrent que la puissance de tir d'un grand arc de guerre était deux fois plus importante que ce que l'on avait supposé jusque-là.

L'utilisation efficace du grand arc de guerre anglais demandait beaucoup de force et de longues années d'entraînement : en Angleterre, une loi rendit obligatoire la pratique du tir à l'arc pour tous les hommes en âge de combattre.

Il est arrivé que des Français ayant capturé un archer anglais lui coupent deux doigts à chaque main, pour l'empêcher d'utiliser son arc.

Comme les arbalètes étaient longues à préparer au tir, les arbalétriers se mettaient parfois à deux pour tirer. L'un préparait l'arbalète, abrité par un bouclier, et l'autre tirait.

Lors de la bataille d'Azincourt, en 1415, furent utilisés les premiers boulets de canon. Toutefois, l'invention des armes à feu ne changea pas immédiatement la face de la guerre. Tout au long des XVIe et XVIIe siècles, on se battait encore avec des piques et des épées outre les mousquets, les fusils et les canons.

Jusqu'au XIXe siècle, les paysans européens utilisèrent communément une sorte de massue primitive appelée « étoile du matin » ou « goupillon d'eau bénite ». La large tête de cette arme redoutable était en bois ou en fer, hérissée de pointes, et fixée sur une longue hampe.

Les armures étaient souvent bleuies par un chauffage contrôlé ou laissées noires parce qu'on pensait qu'elles étaient ainsi moins sensibles à la rouille.

On dit parfois, à tort, que la rainure qui se trouve sur la lame d'une épée sert de gouttière pour écouler le sang. En fait, elle renforce l'arme.

A la bataille de Crécy (1346), les combattants s'affrontèrent avec des grands arcs de guerre et des arbalètes (à gauche).

Au XVIe siècle, la reine Elisabeth Ire d'Angleterre ordonna que les rapières des gentilshommes, qui étaient devenues dangereusement longues, soient raccourcies si elles dépassaient un mètre de long.

Les premières armes à feu équipées du système à mèche étaient si lourdes que l'on devait les poser sur des supports en forme de fourche pour tirer. Elles ressemblaient ainsi à de petits canons.

Quelques combattants à l'épée avaient une dague qu'ils tenaient à la main gauche. Elle avait des bords en dents de scie et servait à attraper la lame de la rapière de l'adversaire que l'on brisait par une torsion du poignet.

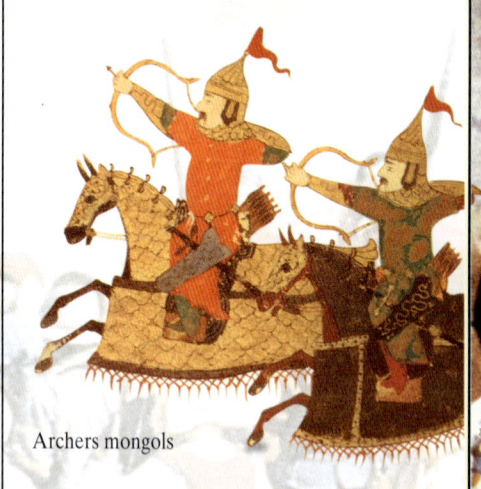

Archers mongols

Après l'invention de la platine à rouet, il fut possible de combiner les pistolets avec d'autres armes commes les dagues, les épées, les épieux. On pouvait cacher les pistolets dans la garde des épées, dans les matraques, les lances, les arbalètes.

Plastron de cuirasse laissé noir brut de forge

QUESTIONS / RÉPONSES

Chevalier en armure de combat

Un chevalier en armure pouvait-il se relever seul s'il tombait sur le champ de bataille ?

Une armure métallique complète pesait entre 20 et 25 kg. Cependant son poids était réparti sur tout le corps, si bien qu'un homme en bonne forme physique pouvait courir, s'étendre, se relever et monter sur un cheval sans aucune aide. Les histoires selon lesquelles les chevaliers avaient besoin d'un treuil pour se mettre en selle sont totalement absurdes. Les chevaliers devaient leur mobilité à leur entraînement et au savoir-faire des armuriers qui fabriquaient les plates (plaques). Elles étaient articulées entre elles de façon à permettre le mouvement (p. 24-27).

Est-ce que les enfants portaient des armures ?

En Europe, les fils de nobles commençaient généralement à apprendre le métier des armes dès l'âge de 7 ans. Il arrivait que des princes offrent une armure à leurs jeunes fils. Au Japon, lorsqu'ils mettaient pour la première fois des habits d'adulte ou une tenue de cérémonie, les enfants recevaient souvent une épée de parade.

Les animaux portaient-ils des armures ?

Pendant les batailles, au Moyen Age, les chevaliers protégeaient la tête et les flancs de leurs chevaux avec une barde (p. 31). Les armures complètes pour les chevaux étaient très onéreuses et, si un chevalier ne pouvait en acheter qu'une partie, il choisissait le chanfrein, c'est-à-dire la pièce qui protégeait le front et la tête. De même, on protégeait parfois les chiens de chasse contre les défenses de sangliers ou les bois de cerfs avec des manteaux molletonnés ou même, parfois, des plates ou, très rarement des cottes de mailles. On utilisait aussi des armures pour les animaux ailleurs qu'en Europe. En Inde, par exemple, les éléphants de combat étaient équipés parfois d'une armure qui protégeait leur tête et leur corps.

Les Fulani, en Afrique occidentale, revêtaient leurs chevaux d'une armure de coton rembourrée avec du kapok.

Porte-t-on encore des armures aujourd'hui ?

Si certains soldats portent des cuirasses en métal brillant ainsi que des lances et des épées pour la parade, sur les champs de bataille ils sont armés de fusils-mitrailleurs, ils portent des vestes blindées ou des gilets pare-balles et se protègent la tête avec un casque en acier ou en plastique à visière incassable. Leurs vestes sont blindées avec des matériaux de métal, de plastique ou de céramique, conçus pour résister à l'impact de la plupart des balles de pistolets et de fusils.

Policier français en tenue anti-émeute

Eléphant en armure

Quel fut le premier canon européen ?

Personne ne le sait avec certitude. Cependant, on peut voir dans un manuscrit anglais de 1326, le *Manuscrit de Milemete,* une illustration représentant un chevalier en train de mettre le feu à une charge de poudre dans un petit canon en forme de vase.

Comment étaient fabriquées les balles en plomb ?

Au XVIIIe siècle, les balles en plomb utilisées dans les pistolets à silex étaient fabriquées par les tireurs eux-mêmes, avec un moule spécial. Le plomb fondu était versé dans le moule, qu'on ouvrait comme une paire de ciseaux lorsque le métal était refroidi. L'excédent de plomb était enlevé avec une pince coupante (p. 46, 57).

QUELQUES RECORDS

PREMIERS ARCS ET FLÈCHES
Des peintures rupestres nous apprennent qu'on utilisait des arcs et des flèches au Sahara et en Afrique du Nord environ 30 000 ans av. J.-C.

L'ARC LE PLUS LONG
Le puissant arc de guerre anglais, employé du XIIIe au XVIe siècle, avait généralement la taille de son utilisateur. Avec cet arc, un archer pouvait envoyer une flèche jusqu'à 300 m. Quelques arcs de guerre japonais, faits d'un assemblage de bambou et de bois, étaient encore plus longs.

LA PREMIÈRE ÉPÉE
Les premières épées furent fabriquées vers 1500 av. J.-C., lorsque l'on commença à travailler le bronze.

L'ÉPÉE LA PLUS LONGUE
Les épées à deux mains (version lourde de l'épée ordinaire, brandie avec les deux mains) devinrent populaires au XIIIe siècle. On en voit dans les musées qui atteignent 2 m.

L'INVENTION DE LA POUDRE À CANON
La première recette connue de poudre à canon fut publiée en 1044 par le Chinois Wu Ching Tsao Yao et utilisée pour les feux d'artifice.

LE PLUS GRAND FUSIL
Il a existé au XVIIe siècle des canardières et des fusils de rempart dont le canon dépassait souvent 2 m.

Epée de bronze

65

GENS D'ARMES

Nous savons peu de choses sur les ouvriers expérimentés qui fabriquèrent les premières armes et armures ; de plus, les célèbres fabricants d'épées, comme Masamune, signaient rarement leur ouvrage. Plus tard, cependant, les artisans gravèrent ou poinçonnèrent leur nom sur leurs œuvres, gage d'habileté ou de qualité.

ARMURIERS ET FABRICANTS D'ÉPÉES

ÉCOLE DE MIOCHIN (1100 – v. 1750)
Ecole d'armuriers japonais fondée au XIIe siècle par Munesake, célèbre pour ses armures et ses tsubas. Par la suite, on a authentifié des œuvres fabriquées par les prédécesseurs de cette école mais qui n'avaient pas été signées.

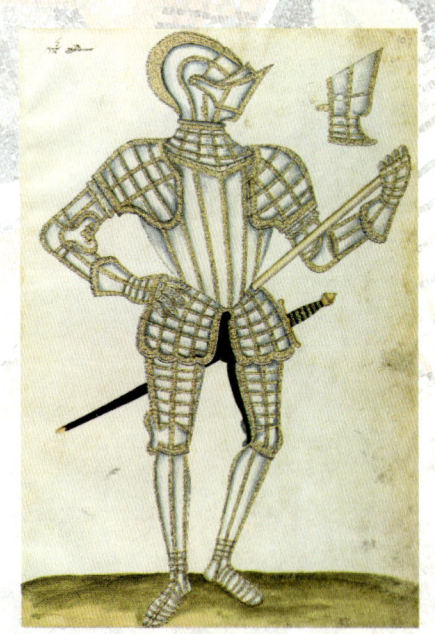

MASAMUNE (v. 1265 - 1358)
Fabricant d'épées japonais de Kamakura. Il ne signait ou ne décorait ses épées que rarement, pensant qu'une lame de bonne qualité parlait d'elle-même et n'avait pas besoin de la marque de son créateur pour prouver sa valeur.

FAMILLE MISSAGLIA (v. 1390)
Famille d'armuriers de Milan, en Italie, qui prirent ensuite le nom de famille de Negroni. Ils se rendirent célèbres pour leurs armures.

LES FRÈRES SEUSENHOFFER (v. 1459 - 1519)
Armuriers de la cour de l'empereur Maximilien Ier. Konrad Seusenhoffer développa le style d'armure striée connue sous le nom de maximilienne.

HANS GRUNEWALT (FIN DU XVe SIÈCLE)
Armurier de Nuremberg qui travailla pour l'empereur Maximilien Ier.

KOLMAN HELMSCHID (1476 - 1522)
Armurier d'Augsbourg fabricant de heaumes qui travailla pour la cour de Vienne.

LORENZ HELMSCHID
Armurier établi à Augsbourg. Il mourut en 1515.

FAMILLE TREYTZ (v. 1460 - 1517)
Famille d'armuriers d'Innsbruck, en Autriche.

FILIPPO NEGROLI (DÉBUT DU XVIe SIÈCLE)
Le plus illustre d'une famille d'armuriers qui ont travaillé pour toutes les cours européennes.

NOBUIYE (1485 - 1564)
Fabricant japonais d'armures et de tsubas.

DANIEL HOPFER (DÉBUT DU XVIe SIÈCLE)
Graveur d'Augsbourg qui décora de nombreuses armures fabriquées par Kolman.

JACOB TOPF (1530 - 1597)
Armurier d'Innsbruck qui travailla pendant quelque temps à Greenwich, en Angleterre.

ANDREA FERRARA (1550 - 1583)
Fabricant d'épées italien dont les lames devinrent populaires en Ecosse ; on donne souvent son nom aux célèbres armes des Highlands.

JACOBE HALDER (1578 - 1610)
Maître armurier de la fabrique d'armes de Greenwich, en Angleterre.

ASSAD ULLAH (v. 1588 - 1628)
Fabricant d'épées persan, dont les lames étaient faites d'un acier magnifiquement damasquiné.

Dessin d'armure par Jacobe Halder

FABRICANTS D'ARMES À FEU

HENRY DERRINGER (1786 - 1868)
Fabricant d'armes américain, célèbre pour son petit pistolet à percussion caractéristique.

NIKOLAUS VON DREYSE (1787 - 1867)
Fabricant d'armes allemand qui inventa un fusil qui se chargeait par la culasse, ce qui permettait aux soldats de tirer en position couchée, moins vulnérable au tir de l'ennemi.

SAMUEL COLT (1814 - 1862)
Inventeur américain dont le premier brevet fut un revolver en 1835 ; il fabriqua plusieurs modèles célèbres dont le Colt 45 et le Colt Peacemaker, encore utilisés de nos jours.

OLIVER WINCHESTER (1810 - 1880)
Ancien fabricant de chemises qui s'intéressait aux armes à feu. Il fonda la Compagnie d'Armes à Répétition Winchester du Connecticut en 1866.

PHILO REMINGTON (1816 - 1889)
Inventeur américain, fils de l'inventeur Eliphalet Remington qui possédait une petite entreprise d'armurerie. Il prit en charge le département de mécanique de l'usine et en devint le directeur en 1860. Il perfectionna le fusil Remington, chargé par la culasse.

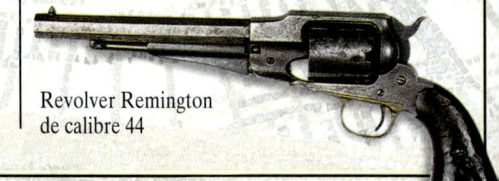

Samuel Colt

Revolver Remington de calibre 44

Souverains, soldats et héros

Jules César (v. 100 - v. 44 av. J.-C.)
Général et homme d'Etat romain dont les campagnes militaires étendirent le pouvoir romain sur toute l'Europe occidentale. Il envahit l'Angleterre en 55 et 54 av. J.-C. et il conquit la Gaule en 52 av. J.-C.

Alexandre le Grand

Alexandre le Grand (356 - 323 av. J.-C.)
Fils de Philippe II de Macédoine et élève d'Aristote, Alexandre devint roi de Macédoine alors qu'il avait 20 ans. Durant son règne, il conquit la Perse, gouverna l'Egypte et fonda la ville d'Alexandrie.

Le roi Arthur
Roi légendaire des Bretons, représenté comme l'unificateur des tribus bretonnes et le défenseur de la chrétienté. C'est lui qui aurait possédé l'épée mythique *Excalibur*.

Charlemagne (742 - 814)
Roi des Francs. Il vainquit les Saxons, combattit les Arabes en Espagne, et régna sur presque toute l'Europe occidentale. Il fut couronné empereur d'Occident par le pape en l'an 800.

Charlemagne

Alfred le Grand (849 - 899)
Roi de Wessex, Angleterre. Il reconquit les terres prises par les Danois, organisa ses forces en créant une armée permanente et établit un réseau de *burghs*, ou villes fortifiées, qui permirent à ses successeurs de préserver l'unité de l'Angleterre.

Guillaume le Conquérant (v. 1028 - 1087)
Duc de Normandie et premier roi d'Angleterre normand. Il vainquit et tua le roi anglais Harold II à la bataille de Hastings en 1066, et il remplaça les chefs anglo-saxons par de nouveaux dirigeants normands.

Robin des Bois (v. 1160 - v. 1247)
Héros et hors-la-loi anglais légendaire. On le disait sans égal pour manier l'arc. Il vivait dans la forêt de Sherwood avec sa troupe de « Joyeux Compagnons » et détroussait les riches pour donner leur argent aux pauvres.

Guillaume Tell (XIVᵉ siècle)
Héros légendaire de l'indépendance suisse et archer célèbre. On dit qu'il tua le bailli autrichien qui l'avait obligé à percer d'une flèche une pomme placée sur la tête de son propre fils. Cette action aurait déclenché le mouvement qui libéra les Suisses du joug autrichien.

Edouard, dit le Prince Noir (1330 - 1376)
Fils d'Edouard III et grand soldat, il combattit à la bataille de Poitiers (1356). Son surnom viendrait de son surcot noir, qu'il aurait gagné dans une joute.

Henri V (1387 - 1422)
Roi d'Angleterre qui envahit la France en 1415. Il gagna la bataille d'Azincourt, où les Français étaient en nombre supérieur, grâce à l'équipement et à l'adresse de ses archers.

Maximilien Iᵉʳ (1459 - 1519)
Duc d'Autriche qui devint empereur du Saint Empire romain germanique en 1493. Sa politique étrangère agressive le mit en conflit avec la France, la Suisse et l'Allemagne. On a donné son nom à un style d'armure striée qui imitait les vêtements plissés qu'on portait à son époque.

Henri III (1551 - 1589)
Roi de France de 1574 à 1589, dont le règne fut marqué par les guerres de religion entre les Huguenots et les Catholiques. Il fut le dernier des Valois.

Napoléon Bonaparte (1769 - 1821)
Premier consul, sacré empereur des Français en 1804. Il domina l'Europe après une série de victoires terrestres. Par la suite, la France fut envahie et il dut abdiquer, mais il reprit le pouvoir avant d'être vaincu à Waterloo en 1815.

Arthur Wellsley, Duc de Wellington (1769 - 1852)
Général britannique qui fut fait duc après ses victoires contre la France pendant la guerre d'indépendance d'Espagne. Avec l'aide des forces prussiennes conduites par Blücher, il battit Napoléon à la bataille de Waterloo en 1815.

Gebhard Leberecht Blücher (1742 - 1819)
Maréchal prussien qui combattit Napoléon à Leipzig (1813), puis à Waterloo (1815). Il fut surnommé par ses troupes le « Maréchal En Avant » car ses victoires furent remportées principalement grâce à l'énergie et à l'élan de ses troupes.

Napoléon

William Frederick Cody (1846 - 1917)
Eclaireur de l'armée américaine et cavalier du Pony Express, il reçut le surnom de Buffalo Bill après avoir tué 5 000 bisons en exécution d'un contrat de fourniture de viande aux ouvriers des chemins de fer.

Armure maximilienne

POUR EN SAVOIR PLUS

Comme de nombreuses armures et armes de guerre étaient faites en métal, beaucoup sont intactes aujourd'hui : il est donc possible de voir des armures complètes, des épées, des masses d'armes et autres instruments guerriers dans différents musées à travers le monde. De nombreuses associations organisent des reconstitutions qui relatent les guerres du passé il y a des centaines d'années. Les acteurs portent des armures et manient des copies exactes des armes d'époque. On peut aussi voir des armures et des armes anciennes dans des cérémonies officielles, comme dans la Cité du Vatican, à Rome, où les gardes suisses portent toujours leur tenue traditionnelle.

LE CINÉMA
Quelques films, comme *Braveheart,* montrent des armes et des armures de différentes périodes. Les accessoires créés pour ces films sont réalisés par des armuriers dont il est possible de visiter les ateliers sur Internet. Les armures de *Gladiator* (ci-dessus) sont fantaisistes.

Fût et crosse en noyer incrustés de corne de cerf gravée

LES MUSÉES
La plupart des musées nationaux proposent d'impressionnantes collections d'armes et d'armures. La collection d'armures du musée de l'Armée, à Paris, comprend de nombreuses pièces du XVIe siècle et de l'époque napoléonienne. Le Kunsthistorisches Museum de Vienne et l'Armeria Real de Madrid possèdent parmi les plus belles collections au monde. Quelques collections anciennement privées sont également ouvertes au public, comme la Wallace Collection, à Londres. Des armures sont exposées dans certains châteaux.

LES ARMURERIES
Quelques-unes des grandes armureries du monde – comme celles de Vienne, Madrid, Paris, Dresde et Londres – possèdent d'importantes collections d'armes et d'armures de toutes sortes. A Leeds, en Angleterre, des armes et des armures du XVe au XVIIe siècle sont exposées dans les galeries du Royal Armouries Museum (ci-dessus).

DES ATELIERS DE DÉMONSTRATION

De nombreuses armureries organisent des ateliers de démonstration. Dans le Royal Armouries Museum de Leeds, des ateliers permettent de rencontrer des armuriers, des ouvriers du cuir, des fabricants de fusils et de pistolets qui utilisent les techniques traditionnelles. Ces artisans fabriquent la plupart des copies qu'on utilise dans le musée pour les ateliers de démonstration. Le musée possède aussi une lice (un terrain réservé aux tournois) où sont présentés des spectacles : joutes ou activités sportives et militaires.

Les ouvriers du cuir de Leeds confectionnent des vêtements portés par le personnel des ateliers, comme, par exemple, cette veste en peau de chamois du XVIIe siècle (à gauche).

ARMES À FEU

Les armes à feu ont aussi leur place dans les musées nationaux : le pistolet à rouet (ci-dessus), se chargeant par la culasse, exposé au Victoria and Albert Museum, à Londres, fut fabriqué par Hans Stockman à Dresde, vers 1600.

QUELQUES SITES INTERNET

- Un glossaire sur les armes et les armures au Moyen Age avec des articles et des photographies de quelques-unes des principales armes et armures.
jeanmichel.rouand.free.fr/chateaux/glossarmes.htm
- Les armes et les équipements en usage durant la seconde moitié du XVIIe siècle.
perso.club-internet.fr/theilsb/VAEVICTIS/HISTOIRE/17eme/HISTOIRE-fin17-Equipement.htm
- Les armes et les armures dans le Japon des samouraïs
samourais.free.fr/S_Plan.html

LES RECONSTITUTIONS

De nombreuses associations, comme la Société napoléonienne dont on voit une illustration ci-dessous, présentent des reconstitutions de scènes ou de batailles de différentes périodes de l'histoire. D'autres associations mettent en scène des combats médiévaux ou des batailles de la guerre civile anglaise.

DES LIEUX À VISITER

MUSÉE DE L'ARMÉE
Présentation des collections du musée de l'Armée sur le site :
www.invalides.org/index/Pages/accueilcollections.html
- 129, rue de Grenelle - 75007 Paris
tél. 01 44 42 37 72
- Ouverture : hiver : 10h-17h - été : 10h-18h
Fermé les jours fériés

MUSÉE ROYAL DE L'ARMÉE ET D'HISTOIRE MILITAIRE
- Parc du Cinquantenaire 3 - 1000 Bruxelles
Belgique - tél. 32 2 737 78 11
http://www.klm-mra.be
- Le musée présente des armes, des uniformes, des avions et des tanks, mais aussi des œuvres d'art.

KUNSTHISTORISCHES MUSEUM, VIENNE, AUTRICHE
- Ce musée contient l'une des plus belles collections d'armes et d'armures du monde. On peut y voir en particulier celles des empereurs d'Autriche.
- Hofjagd und Rüstkammer
Kunsthistorisches Museum
Hauptgebäude
Maria-Theresien-Platz
1010 Vienne

ARMERIA REAL, MADRID
- Fondé par Philippe II en 1564, il est installé dans une dépendance du Palais royal de Madrid. Ce musée abrite la collection d'armes et d'armures la plus célèbre. Vous y trouverez les équipements des rois d'Espagne.

ROYAL ARMOURIES MUSEUM, LEEDS, ROYAUME-UNI
- Ouvert en 1996, ce musée présente la collection nationale d'armes et d'armures du Royaume-Uni. A ne pas manquer :
- le hall de l'Acier qui comprend plus de 3 000 pièces d'armures et d'équipement militaire ;
- une galerie orientale

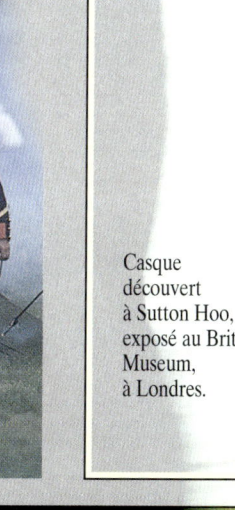

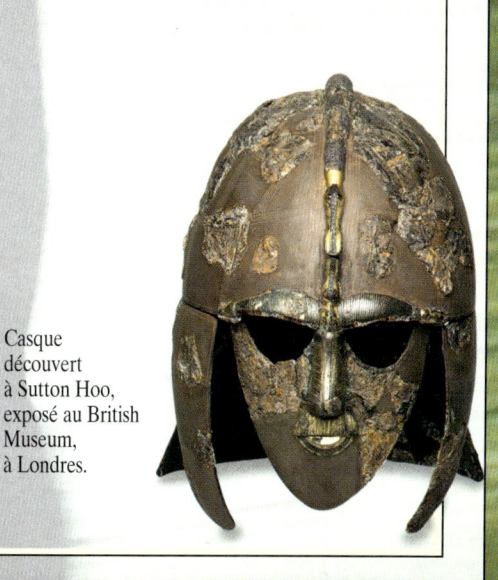

Casque découvert à Sutton Hoo, exposé au British Museum, à Londres.

GLOSSAIRE

Artilleur

ARBALÈTE Arme antique. C'était une sorte d'arc dont la corde était tendue pour tirer des flèches appelées carreaux. La plupart des arbalètes étaient si puissantes qu'on devait utiliser divers mécanismes pour tendre la corde et tirer.

ARMURIER Ouvrier travaillant le métal, spécialisé dans la fabrication des armures. En Europe, le métier d'armurier était réglementé par une guilde.

ARQUEBUSE Anciennement arme à feu équipée d'un système à mèche ou d'un système à rouet.

ARTILLERIE A l'origine, ce mot désignait toute machine utilisée pour lancer des pierres ou d'autres projectiles et, plus tard, les canons.

BAÏONNETTE Lame qui s'adapte au bout d'un fusil.

BARDE Armure d'un cheval.

BACINET Défense de tête au XIVe siècle. Certains d'entre eux étaient équipés d'une visière métallique qui protégeait le visage. (Voir *Visière*.)

BOURGUIGNOTTE Défense de tête originaire de Bourgogne, utilisée couramment au XVIe siècle à la fois par les cavaliers et les hommes de pied.

CANON D'AVANT-BRAS Pièce d'armure européenne portée sur l'avant-bras.

CARREAU Projectile d'arbalète. (Voir *Arbalète*.)

Bourguignotte

CAVALERIE Unité constituée de soldats montés à cheval, souvent divisée en deux groupes : la cavalerie légère (dont la tâche principale était la reconnaissance et la poursuite des ennemis en déroute), et la cavalerie lourde (utilisée pour les assauts en rangs serrés).

CHANFREIN Pièce d'armure protégeant la tête d'un cheval.

CLAYMORE Epée à double tranchant, munie d'une lame longue et lourde, qu'utilisaient les Ecossais aux XIVe et XVIe siècles. Ce mot, qui vient du gaélique *claidheamohmor*, signifie « grande épée ».

CUIRASSE Pièce d'armure composée d'un plastron et d'une dossière, maintenus ensemble par des éléments de cuir ou de métal.

CULASSE Pièce d'acier fermant l'orifice postérieur du canon ou d'une arme à feu. Certaines armes sont chargées par la culasse, d'autres par la bouche du canon.

ÉPAULIÈRE Pièce d'armure protégeant l'épaule.

ÉPERON Elément de métal terminé par une pointe et fixé au bas de la botte d'un cavalier, destiné à augmenter l'allure du cheval en le piquant. Souvent considéré comme le symbole de la chevalerie.

ÉPREUVE Opération consistant à tirer un carreau d'arbalète et, plus tard, une balle de mousquet, à courte distance, pour tester une armure. Les pièces ainsi mises à l'épreuve étaient parfois estampillées par le fabricant ou par la guilde.

ESCRIME L'art de se battre avec une épée, qui se développa en France et en Italie au début du XVIe siècle, devenu sport de combat.

FLÉAU D'ARMES Arme formée d'une boule en bois ou en fer, parfois hérissée de pointes, attachée à un manche par une chaîne qui lui permet de pivoter autour du manche. Très peu de documents témoignent de l'utilisation du fléau d'armes. (Voir *Masse d'armes*.)

FUSIL Arme doté d'une platine avec un silex.

FUSIL À SILEX Type de fusil inventé à l'extrême fin du XVIe siècle et au début du XVIIe siècle, sur lequel le silex heurte une pièce d'acier provoquant des étincelles qui atteignent la poudre d'amorce, ce qui allume la charge principale. Le chien, ou percuteur, devait être mis « en position armée » (un cran en arrière) avant de tirer, par mesure de sécurité.

GANTELET Pièce d'armure qui protège la main et le poignet.

GLAIVE Epée courte, à double tranchant, utilisée par l'infanterie romaine.

GOUTTIÈRE Rainure creusée sur toute la longueur d'une épée, pour en réduire le poids.

Jambiya arabe

GRAND ARC Arme utilisée en Europe au Moyen Age et jusqu'au XVIe siècle. Généralement fait d'une seule pièce en bois d'if, taillé et façonné immédiatement sous l'écorce, il comprenait la partie périphérique du bois (qui résiste à la tension), et la partie centrale, dure, (qui résiste à la compression), formant ainsi un ressort naturel extrêmement puissant.

GRENADE À MAIN Réceptacle creux rempli d'un explosif et traversé par une mèche. (Voir *Grenadiers*.)

GRENADIERS Troupes entraînées pour lancer des grenades à la main. Ils étaient coiffés de bonnets plats pour pouvoir porter leur mousquet en bandoulière, ce qui libérait leurs mains pour allumer et lancer des grenades. Au XIXe siècle, on appelait grenadiers les troupes d'infanterie ordinaires.

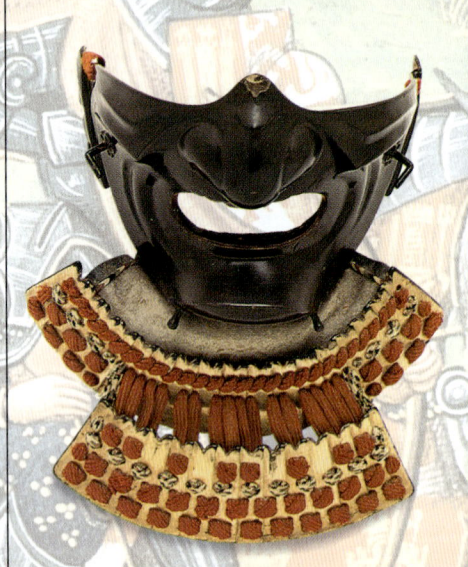

Mempo

GRÈVE ou **JAMBIÈRE** Pièce d'armure protégeant le bas de la jambe, au début le tibia, puis le mollet.

GUILDE Au Moyen Age, association qui contrôlait et réglementait différents métiers, comme, par exemple, la guilde des armuriers. (Voir *Epreuve*.)

HALLEBARDE Sorte de hache dont la lame, maintenue par des crochets, est emmanchée sur une longue hampe en bois et surmontée par une pointe.

HARAMAKI Cuirasse japonaise. Elle comprend un plastron et une jupe (le kasazuri) qui protège le bas du corps.

HAUBERT Longue cotte de mailles du Moyen Age.

HEAUME Défense de tête, le plus souvent cylindrique, enveloppant complètement la tête et le visage, utilisée dès le début du XIIIe siècle.

INFANTERIE Unité de soldats à pied.

JOUTE Exercice au cours duquel deux chevaliers armés de lances se précipitent l'un contre l'autre pour désarçonner l'adversaire.(Voir *Tournoi*.)

KABUTO Casque japonais.

KATANA Long sabre utilisé par les samouraïs.

KRISS Poignard malais dont la lame, la poignée et le fourreau peuvent prendre des formes différentes.

LICE Terrain qui servait aux tournois et aux joutes. Se dit aussi de la barrière introduite au XVᵉ siècle pour séparer les chevaliers lors des joutes.

MASSE D'ARMES Arme comprenant un manche et une massue en métal. Certaines têtes pouvaient être garnies de pointes, d'autres étaient pourvues d'arêtes capables de fracasser les armures. (Voir *Fléau d'armes*.)

MAXIMILIENNE Appellation d'un style d'armure aux pièces finement striées, en usage au XVIᵉ siècle durant le règne de l'empereur Maximilien Iᵉʳ.

MEMPO Masque de guerre japonais, ayant parfois l'aspect de vieillards, de démons ou de fantômes.

MORION Défense de tête légère souvent faite d'une seule pièce d'acier. Le morion avait de larges bords, une crête et des garde-joues. Porté principalement par les arquebusiers, il fut populaire à partir du milieu du XVIᵉ siècle.

MOUSQUET A l'origine, le terme désignait une arme à feu à mèche, très lourde, qui nécessitait d'être appuyée sur une fourche pour tirer. Plus tard, ce mot en vint à désigner toute arme à feu utilisée par l'infanterie.

MOUSQUET À MÈCHE Une des premières armes d'épaule, comportant un mécanisme de mise à feu simple reposant sur l'action d'un levier en forme de S qui met au contact du bassinet la mèche qui enflammera la poudre d'amorce.

MOUSQUETAIRE Soldat d'infanterie armé d'un mousquet.

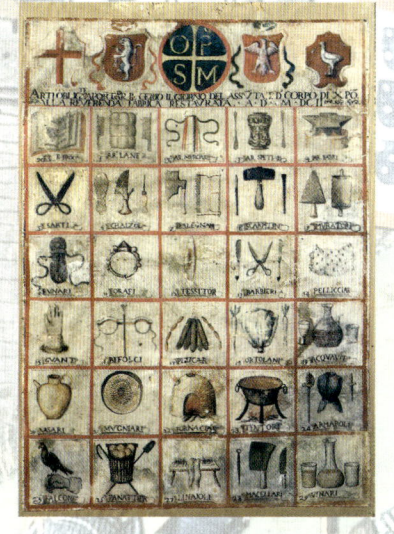

Estampilles (marques) de guildes d'Ombrie, en Italie

PAVOIS Large bouclier en bois, posé au sol, utilisé par les archers et les arbalétriers pour se protéger lorsqu'ils chargeaient leurs armes et tiraient leurs flèches.

PETITE ÉPÉE Courte épée.

PIQUIER Soldat d'infanterie armé d'une pique, d'une épée et d'un bouclier. Aux XVIᵉ et XVIIᵉ siècle, il était protégé des tirs de mousquet par un morion et une cuirasse.

PISTOLETS DE DUEL Pistolets qui, au XIXᵉ siècle étaient habituellement vendus par paires avec des accessoires pour fabriquer des balles, pour charger et pour les nettoyer.

PLATINE À ROUET Système de mise à feu apparu au début du XVIᵉ siècle, à la suite de l'arme à mèche, dans lequel des étincelles, produites par un rouet qui frotte un morceau de pyrite, enflamment la poudre d'amorce, libérant la poudre de charge. Les armes à rouet furent suivies par les fusils à silex. (Voir *Fusil à silex*.)

POIGNÉE Partie d'une épée permettant son maintien. Elle est constituée d'un manche, pour la tenir, d'un pommeau, pour l'équilibrer et, parfois, d'une garde, pour protéger la main.

POMMEAU (De « pomme ») Tête arrondie de la poignée d'une épée, qui équilibre le poids de la lame.

RAPIÈRE Epée à longue lame, généralement munie d'une garde complexe recouvrant la main avec des barres pour protéger les doigts.

SHAMSHIR Sabre originaire de Perse.

SOLERET Partie de l'armure qui recouvrait le pied, maintenue par des lanières.

STYLET Poignard à lame très effilée destinée à frapper avec la pointe.

SYSTÈME À PERCUSSION Forme de mise à feu élaborée au début du XIXᵉ siècle et utilisée pour les armes se chargeant par la bouche du canon puis pour les armes se chargeant par la culasse. Dans ce système, un percuteur frappe un mélange détonant qui explose et fait partir la balle.

Chanfrein

TOURNOI Simulacre de combat qui, depuis l'époque médiévale, servait d'entraînement pour la guerre. A la fin du XVᵉ siècle, les tournois devinrent des spectacles de combats aux règles complexes où les chevaliers s'affrontaient pour montrer leur adresse. Ils comprenaient des mêlées (affrontement de deux groupes de cavaliers).

TREUIL Mécanisme comportant des poulies et une manivelle, fixé à l'arbalète pour tendre solidement la corde avant de tirer. (Voir *Arbalète*.)

TROMBLON Fusil à canon court et large bouche, qui tirait un grand nombre de petites balles.

TSUBA Garde d'épée japonaise.

TULWAR Sabre indien dont la lame pouvait être incurvée.

VISIÈRE Pièce d'armure protégeant le visage, introduite au XIVᵉ siècle. Elle était fixée sur des bacinets par des charnières qui permettaient de la relever. Certaines visières pouvaient se détacher du casque pour le nettoyer ou le réparer.

WAKIZASHI Sabre court japonais utilisé par les samouraïs, après le katana, comme sabre d'appoint.

Joute de chevaliers

71

INDEX

A
Aborigènes, armes des 8-9
Âge du bronze 10-11
Âge du fer 10-11
Âge de pierre 6-7
Anglo-Saxons, armes des 14
Amérique de l'Ouest 60-61
Apache, pistolet 51
Arbalète à balles 20
Archers 6, 15, 18, 20, 21, 28
Arcs 2-3
  arbalètes 18-21
  grand arc de guerre, 18-21
  des Indiens d'Amérique du Nord 62-63
  petits arcs 8, 9, 19
Armoiries 30
Armure 12-1314, 15, 17, 24-25, 26-27, 28-29, 30-31, 32-33, 36, 37, 39, 50
Armurerie 44
Arthur, le roi 16
Aztèque, poignard 22

B
Baguettes 38-39, 46
Baïonnettes 40-41, 48, 51
Balles 3, 46, 56, 57, 59
Barde 30, 31
Bassinet 2, 29
Boucliers 8-9, 11, 20
  indiens 32-33, 34-35
  pavois 20, 21
Bracelet à pointes 4
Brown Bess, mousquets 40-41
Boomerangs 8-9
Buffalo Bill 60
Buntline Special, revolver 58

C
Carabine 41
Carquois 19, 62
Carreaux d'arbalète 20-21
Cartouches 3, 40, 56, 57, 59, 60, 61
Casques 28-29
  nglo-saxons 14
  de l'âge du bronze 11
  de l'âge du fer 11
  clos 28
  grecs 12
  indiens 33
  japonais 36-37
  de joute 30
  du Moyen Age 26
  romains 12-13
Ceinturon 60
Celtes, armes 10-11
Chakram 35
Chapeaux
  à deux cornes 55
  en fer 29
  shako 53
  tricorne 49
Chasse, épée de 2, 16-17, 44-5
Chausse-trape 50
Chevaliers 15, 17, 24-25, 26-27, 28-29, 30-31
Cimeterre 17, 32
Cinquedea 16-17
Claymore écossais 16-17
Cols en cuir 54
Colt, revolver 59, 60-61
Cornes de fakir 51

Couteaux 22-23
  coup-de-poing américain 52
  couteau-bague 22
  couteau Bowie 22-23
  couteau de chasse 2
  Ghurka 50
  indien 3
  indien d'Amérique du Nord 52
  de jet africain 9, 22
  de poignet 23
  pliant 22
  oudanais 4, 23
Coutelas 16-17
Cranequin 18
Crécelles, de police 54
Crow-bill, pic de guerre 4
Cuirasses 13, 26-27, 33, 36

D
Deringer, Henry 61
Deringer, pistolets 57, 61
Don Quichotte 31
Duel
  épée de 42-5
  pistolets de 46-47

E
Epées 16-17, 42-45
  de l'âge du bronze 10-11
  anglo-saxonnes, 14-15
  assyriennes 8
  chinoises 4
  claymores 16-17
  coutelas, 16-17
  de cuirassier 53
  à deux mains 16-17
  de duel 42-45
  d'enfant 50-51
  indiennes 34
  petites épées 42-43, 44-45
  de police 54-55
  rapières 42-45
  romaines 12
  sabres 32-33, 43, 44-45, 52-53
  vikings 14-15
Eperons
  de joute 30
  normands, 15
Escrime 42-45
Etui d'arc 62-3
Etui de revolver 60

F
Fléaux 51
Flèches
  de grand arc 18-21
  empoisonnées 9
  japonaises 36-37
  incendiaires 21
   'indiens d'Amérique du Nord 63
  normandes 15
  n silex 10
Fourreaux
  de baïonnette 41
  indiens 41
  japonais 36
  romains 12
Frondes, 9
Fusils 41, 60-61
  de braconnier 55
  de chasse 40, 55

G
Gantelets 2, 25, 27, 36
Ghurka, couteau ghurka (kukri) 50
Gladiateurs romains 13
Gorgerin 26, 50
Grand arc de guerre 18-21

Grecques, armes et armures 12
Grenades 52-53
Grenadière 52
Griffe de tigre 5
Guerre d'Indépendance américaine 41
Guillaume Tell 21

H
Haches 22-23
  de l'âge du bronze 10
  de l'âge de pierre 6-7
  d'armes 34-35
  de bourreau 22
  d'estoc 22
  igorot 23
    diennes 23, 32
  de jet 9
  Naga 22-23
  ikings 15
Hallebarde 10
Haut Moyen Âge 14, 15
Heaumes 28-29
Hiawatha 62

IJK
Iliade, l' 12
Incendiaires, flèches 21
Indiennes, armes 3, 4, 5, 32-35, 50, 51
Indiens d'Amérique 62-63
Japonaises, arme et armure 36-37
Jet
  armes de 8-9
  couteau africain de 8-9, 22
  ache de 9
  massue de 8
Joute, armure de 30-31

L
Lance-grenades 52-53
Lances 8, 15, 31
  aborigènes 9
  de l'âge du bronze 10
  de l'âge de pierre 50-51
  japonaises 36
  romaines 13
  saxonnes 14
Lanterne sourde 54
Le Bourgeoys, Marin 40
Le Mat, revolver 57
Levier 20
Long John Silver 40

MN
Mailles 15, 24
Malais, poignard (kris) 22
Marteau d'armes 3, 25
Masques, japonais 37
  de joute 30
  d'Indiens d'Amérique 62
Masse d'armes 31, 50
Massue 8, 55, 63
Matraque de cérémonie 55
Menottes 55
Mogholes, armes 32-34
Moules à balles 3, 46, 57, 59
Mousquetaire 39
Mousquets 52
  à mèche 33, 34-35, 38-9
  silex 36, 40-41
Napoléon Bonaparte 52-53
Normands 14-15

P
Paléolithique, armes du 6-7
Pavois 20-21
Percussion

revolvers à 56-57, 58
  fusils de chasse à 57
Persans, armes et armures 32
Pied-de-biche 18-19
Petites épées 42
Pic d'armes 4
Piquier 28
Pistolets 58-59
  à deux canons superposés 59
  apaches 51
  d'assassin 58
  pistolet combiné 59
  pistolet de duel 46-47
  pistolet-épée 41
  étui de 41, 48-49
  pistolet-hache d'armes 29
  Howdah 3
  à manchon 59
  de paume 58
  de poche 2, 57, 59
  à rouet 38-39
  se chargeant par la bouche 34, 35, 36, 38-39
  Tower 2
Plastrons 25, 26, 33, 39
Plates, armures de 24-27
Poivrières 2, 58
Poignards 2, 22-23, 43-44
  africains 4
  de l'âge du bronze 11
  de l'âge du fer 11
  de l'aspirant de marine 50-51
  indiens 32, 34, 35, 50-11
  japonais 36
  romains 12
Poire à poudre 35, 39, 46, 57
Police, équipement et armes de la 54-55
Pot, queue de homard 29
Pouchkine, Alexandre 46
Poudre à canon 3, 36, 39, 46, 57

RS
Rapières 2, 42-45
Revolvers 3, 56-57, 58-59
Robin des Bois 19
Romaines, armure et armes, 12-13
Rouet, pistolets à, 38-39
Sabres 17, 32-33, 43-45, 52-53
  de cavalerie 53
Samouraïs 36-37
Sergent de ville 55
Sherlock Holmes 56
Sifflet, de police 54-55
Silex, armes à 6, 10
  platines à 2, 38, 40-41, 46-47, 52-53, 55, 58, 59
  tromblons 48-49
  lance-grenades 52-53
Sitting Bull 60
Smith & Wesson, revolver 61
Stylet, de canonnier 50-51

T
Tomahawks 62-63
Tournois 25, 30-31
Transition, revolver de 58
Tranter, William 56
Treuil 18-19
Trois Mousquetaires, Les 42
Tromblon 48-49
Turpin, Dick 49

VW
Vikings, armes des 14-15
Voleur de grand chemin 48-49
Winchester, fusils 60-61

ICONOGRAPHIE

h = haut, b = bas, m = milieu
g = gauche, d = droite

Droit de reproduction, avec l'aimable autorisation du Conseil d'administration du British Museum

E.T. Archives : 8b
Giraudon : 43hg
Goteborg Museum of Art : 39m
India Office Library (British Library) : 33h
John Freeman London : 16bd, 18m, hd, 19md, 21md, 26b, 28md, bg, 30hm, 31h, 39h, 40m, 42b, 44hg, 52 h, 53b, 54h, 62hg, md, m
H. Josse, Paris : 44b
Mansell Collection : 11m, 42m
Mary Evans Picture Library : 6b, 7bg, 8m, 9b, 12h, bd, 13h, b, 14bg, 16bg, h, 17hd, hd, 19h, 20h, m, d, 22h, m, 23m, 24b, 25m, b, 26hg, hd, 27b, 28bm, 29bg, bd, 30m, hg, hd, 34hg, 35h, 36m, 38m, b, 39b, 40hg, 44hd, 47hd, b, 48m, 49h, b, 51m, 52hd, m, 54h, b, 55m, b, 56h, 57hg, hd, 58hg, hd, b, 60b, 61m, h
Sheridan Photo Library : 7bd
Michael Holford : 12bg, 15h, m, b, 32b, 36-37h, 63h
National Army Museum : 53h
Peter Newark's Western Americana and Historical Pictures : 14bd, 29m, 37m, 41b, 46h, 47hg, 56b, 60h, 61bd, 63b
Robert Hunt Library : 21m
Ronald Sheridan : 7bd
Tower of London Royal Armouries : 25h
Visual Arts Library : 43hd, m, 60bg

Illustrations de Coral Mula, p. 6

NOTES

Dorling Kindersley tient à remercier pour leur aide :

la police municipale de Londres : p. 54-55 ; également l'agent de police Ray Hayter ; le musée Pitt Rivers de l'université d'Oxford, p. 4-5, 22-23, 32-33, 36-37, et John Todd ; Ermine Street Guard, p. 1, 12-13 et aussi Nicholas Fuentes ; le Musée de Londres : p. 6-7, 12 BG, 10-11, 14-15 et Nick Merriman, Peter Stott et David Morgan ; le musée de l'homme du British Museum : p. 8-9, 62-63 ; le Musée national militaire anglais : p. 56-57 et Stephen Bull ; le château de Warwick : p. 16-17, 24-25, 26-27, 28-29, 30-31, 38-39, 40-41, 42-43, 44-45, 48-49, 52-53, 55 H et F. H. P. Barker ; Robin Wigington, la société Arbour Antiques, à Stratford on Avon : p. 2-3, 18-19, 20-21, 34-35, 38 B, 50-51, 58-59, 60-61 ; et Anne-Marie Bulat pour son travail initial d'élaboration du livre ; Martyn Foote pour la mise en pages ; Fred Ford et Mike Pilley de Radius Graphics, Ray Owen et Nick Madren pour la réalisation artistique ; Jonathan Buckley pour sa contribution aux séances photographiques.